세계경제와 제국주의

국립중앙도서관 출판예정도서목록(CIP)

세계경제와 제국주의 / 지은이: 니콜라이 부하린 ; 옮긴이:
최미선. -- 서울 : 책갈피, 2018
p. ; cm

일본어번역표제: 世界経済と帝国主義
원표제: Мировое хозяйство и импер
иализм
원저자명: Николай Иванович Бухарин
일본어로 번역된 러시아어 원작을 한국어로 중역
ISBN 978-89-7966-138-5 03300 : ₩13000

정치 경제학[政治經濟學]

320.189-KDC6
330.1-DDC23 CIP2018021936

세계경제와 제국주의

니콜라이 부하린 지음 | 최미선 옮김

책갈피

차례

레닌의 서문 7

머리말 16

1부 세계경제와 자본의 국제화 과정

1장 세계경제에 대한 정의 19

2장 세계경제의 성장 34

3장 세계경제의 조직 형태 65

2부 세계경제와 자본의 국가화 과정

4장 '국민경제'의 내부 구조와 관세정책 80

5장 세계 판매 시장과 판매 조건의 변화 103

6장 세계 원료 시장과 원료 구입 조건의 변화 115

7장 자본의 국제적 운동과 국제 관계의 경제적 형태 변화 125

8장 세계경제와 '국민'국가 137

3부 자본주의 경쟁의 확대재생산으로서의 제국주의

9장 역사적 범주로서의 제국주의 147

10장 세계적 규모로 벌어지는
자본의 집적·집중 과정의 재생산 156

11장 경쟁적 투쟁의 수단과 국가권력 165

4부 세계경제의 미래와 제국주의

12장 제국주의의 '필연성'과 '초제국주의' 177

13장 전쟁과 경제적 진화 198

14장 세계경제와 프롤레타리아 사회주의 222

15장 결론 233

후주 238

일러두기

1. 이 책은 ニコライ·ブハーリン,《世界経済と帝国主義》(現代思潮新社, 2008)를 번역한 것이다. 일본어판을 번역 대본으로 삼았지만, 필요할 때마다 러시아국립도서관 희귀본 서고에서 구한 러시아어판 원본과 대조해 최대한 원문에 가깝게 번역했다(독일어 문헌 인용문은 독일어판과 대조했다).

2. 인명과 지명 등의 외래어는 최대한 외래어 표기법에 맞춰 표기했다.

3. 《 》 부호는 책과 잡지, 〈 〉 부호는 신문과 주간지, " " 부호는 논문과 신문 기사 등을 나타낸다.

4. 본문에서 [ ]는 옮긴이나 편집자가 독자의 이해를 돕거나 문맥을 매끄럽게 하려고 덧붙인 것이다. 지은이가 인용문에 덧붙인 것은 [— 부하린] 등으로 표기했다.

5. 본문의 각주는 옮긴이나 편집자가 넣은 것이다. 지은이의 각주는 '— 부하린' 등으로 표기했다.

6. 원문에서 강조한 부분은 고딕체로 나타냈다.

레닌의 서문

니콜라이 부하린이 이 책에서 다룬 주제가 중요하고 시의적절함은 특별히 설명할 필요가 없을 것이다. 제국주의 문제는 매우 본질적인 문제일 뿐 아니라 최근의 자본주의 형태 변화를 연구하는 경제학 영역에서 가장 본질적인 문제라고 할 수 있다. 경제는 물론 현대 사회생활의 여러 분야에도 관심을 두는 모든 사람은 이런 제국주의 문제와 관련된 사실들, 특히 저자가 최신 자료에 기초해 대단히 풍부하게 선별한 사실들을 반드시 알아야 한다. 말할 것도 없이, 이번 전쟁에 대한 구체적이고 역사적인 평가는, 평가의 기초가 되는 제국주의의 본질을 경제적 측면과 정치적 측면에서 완전히 이해하지 않고는 불가능하다. 이런 이해 없이는 최근 10년간의 경제사와 외교사를 이해할 수 없고, 또한 이런 이해 없이 전쟁에 대한 올바른 견해를 수립한다는 것은 터무니없는 일이다. 제국주의 문제에서 현대 과학 일반의 요구를 가장 분명하게 표현하는 마르크스주의적 관점에서 보면, 전쟁에 대한 구체적이고 역사적인 평가를, 외교 '문서'나 정치적 사건들 속에서 일국 지배계급의 마음에 들거나 그들에게 유리한 개별적 사실들을 골라내는 것이라고 생각하는 그런 방법의 '과학적' 의의는 비웃음을 살 뿐이다. 예컨대 게오르기 플레하노프는* 고도로 발전한 성숙하고 농익은 현대 자본주의의 경제 관계 체제인 제국주의의 근본적 특징과 경향을 분석하는 대신에, 푸리시케비치와** 밀류코프*** 일당의 구미에나 맞는 쓸모없는 몇몇 사실들을 죄다 찾아 헤매면서 마르크스주의와 완전히 결별할 수밖에 없었다. 그렇게 되면 제국주의의 과학적 개념은, 방금 언급한 두 러시아 제국주의자가 자신들과 계급적 기반이 완전히 동일한 [외국의] 경쟁자, 적수, 상대편에게 쏟아 내는 욕지거리 정도로 전락하게 된다! 앞서 한 말을 잊어버리고, 원칙을 잃고, 세계관이 뒤집히고, 결의나 엄숙한 선서를 내다 버리는 오늘날이니, 이런 일에 놀랄 필요는 없다.

---

* 게오르기 플레하노프(1856~1918) 러시아 마르크스주의의 아버지로 알려졌지만, 제1차세계대전이 터지자 애국주의자가 됐다.

** 블라디미르 푸리시케비치(1870~1920) 러시아의 극우 왕당파 정치인이자 흑백인조의 지도자.

*** 파벨 밀류코프(1859~1943) 러시아 자유주의자들의 정당인 입헌민주당 지도자. 1917년 2월 혁명 후 외무부 장관을 맡아 전쟁을 지속해서 원성을 샀다.

니콜라이 부하린의 저작이 갖는 과학적 의의는, 특히 그가 전체로서의 제국주의, 최고로 발전한 자본주의의 일정 단계로서의 제국주의와 관련된 세계경제의 기본적 사실들을 관찰했다는 데 있다. 비교적 '평화로운' 자본주의의 시기가 있었다. 그 시기에 자본주의는, 유럽 선진국들에서 봉건제에 완전히 승리하고, 아직 점유되지 않은 토지와 자본주의의 소용돌이에 끝내 휘말리지 않은 나라들의 광대한 영역으로 확장하며, (비교적) 온화하고 순조롭고 '평화롭게' 발전할 수 있었다. 물론, 대략 1871~1914년에 해당하는 이 시기에조차 '평화로운' 자본주의는 군사적 의미로 보나 일반적인 계급적 의미로 보나 진정한 '평화'와는 까마득하게 거리가 먼 생활 조건을 만들어 냈다. 선진국의 10분의 9의 사람들에게, 수억 명의 식민지와 후진국 사람들에게 이 시기는 '평화'가 아닌 억압이고 고통이고 공포의 시기였다. 그것이 '끝나지 않는 공포'처럼 보였기 때문에 더 끔찍했을 것이다. 이 시기는 영원히 끝났다. 그 대신 더 돌발적이고 비약적이고 파국적인 분쟁의 시기가 등장했다. 식민지 대중에게 이 시기는 '끝나지 않는 공포'가 아니라 '공포로 가득 찬 종말'이다.

이러한 변화가 자본주의와 상품생산 일반의 가장 깊은 곳에서 핵심을 이루는 경향의 직접적 발전과 확대와 귀결에서 비롯한 것임을 명심하는 것이 무엇보다 중요하다. 교환의 증대, 대규모 생산의 증대, 이것이야말로 수 세기에 걸쳐 전 세계에서 반드시 볼 수 있었던 기본 경향이다. 그리고 교환의 일정한 발전 단계와 대규모 생산의 일정한 발전 단계에서, 즉 대략 19세기와 20세기의 경계에서 도달하게 된 이 단계에서 교환은 경제 관계의 국제화와 자본의 국제화를 낳았고, 대규모 생산은 독점이 자유경쟁을 대체하기 시작할 정도로 거대해졌다. 이미 국가 내부와 국가들 간의 관계에서의 전형은 '자유롭게' 경쟁하는 기업이 더는 아니며 자본가들의 독점적 연합, 즉 트러스트다. 이제 세계의 전형적 '지배자'가 된 것은 금융자본이다. 이 금융자본은 특히 이동이 자유롭고 유연하며, 국내외에서 독특하게 얽혀 있고, 특별히 무인격적인 데다 직접적 생산과정에서 분리돼 있고, 특히 집적이 용이하고 훨씬 전부터 집중돼 왔기 때문에 말 그대로 수백 명의 억만장자와 백만장자가 전 세계의 운명을 손에 쥐게 됐다.

추상적(즉, 이론적)으로 고찰하면, ([플레하노프와] 조금 다른 방식이지만 그럼에도 역시 마르크스와 결별한) 카우츠키가 도달한 것과 같은 결론에 이르게 될 것이다. 그것은 이 대자본가들이 국가별로 분리된 금융자본의 경쟁과 투쟁을 국제적으로 통합한 금융자본으로 대체함으로써 단일한 세계 트러스트로 세계적으로 통합될 날이 그리 멀지 않았다는 결론이다. 그렇지만 이 결론은, 마치 1890년대에 우리 나라[러시아]의 '스트루베주의자'나* '경제주의자'가** 내린 결론처럼 추상적이고 단순하며 틀렸다. 당시 그들은 자본주의의 진보성으로부터, 불가피성으로부터, 러시아에서 자본주의의 궁극적 승리로부터 변호론적 결론을 끌어내거나(자본주의에 굴복하고 타협하고 그것에 맞서 투쟁하는 대신 찬미했다), 아니면 몰정치적 결론을 끌어내거나(정치를 부정하거나 정치의 중요성과 일반적인 정치적 격변의 가능성을 부정하는 등의 태도로 특히 '경제주의자'들의 오류였다), 아니면 즉각 '파업주의적' 결론을 끌어냈다(파업 운동을 신격화한 '총파업'론으로, 다른 운동 형태를 잊거나 무시하는 데까지 나아가서는 순수한 파업만으로 자본주의에서 곧장 자본주의 극복으로 '건너뛸' 수 있다고 봤다). 자유경쟁이라는 반半속물적 '낙원'과 비교했을 때 자본주의의 진보성, 제국주의의 불가피성, 세계 선진국에서 제국주의가 '평화적' 자본주의에 최종적으로 승리할 것이라는 이런 다툼의 여지가 없는 사실로부터 이토록 다종다양한 정치적·몰정치적 오류와 해악으로 나아가는 징후

---

* 표트르 스트루베(1870~1944) 1890년대 말에 러시아에는 혁명의 물질적 조건이 존재하지 않으며 마르크스주의자들이 자유주의자들과 협력해 개혁 입법 활동만 해야 한다는 '합법 마르크스주의'를 주장했다.

** 경제주의 1890년대 말 러시아 마르크스주의의 한 경향. 독자적 노동자 정당 건설에 반대하고 노동자 경제투쟁 지원이 우선이라고 주장했다. 레닌의 《무엇을 할 것인가?》는 이 경향을 비판한 책이다.

가 지금도 여전하다.

특히, 카우츠키는 마르크스주의와 완전히 결별했지만, 정치를 부정하거나 망각하지도, 제국주의 시대의 다종다양한 정치적 분쟁·동란·변혁을 건너뛰지도, 제국주의를 옹호하지도 않는다. 그러나 카우츠키는 '평화로운' 자본주의를 꿈꾼다. '평화로운' 자본주의가 평화롭지 않은 호전적이고 파국적인 제국주의로 대체됐다는 것을 카우츠키도 인정할 수밖에 없었다. 왜냐하면 그가 1909년에 이미 자신의 다른 책에서* 이 사실을 인정했기 때문이다. 그가 마르크스주의자로서 온전한 결론을 내린 것은 이 책이 마지막이었다. 그렇지만 제국주의에서 '평화로운' 자본주의로의 회귀라는 순박하고 단순하고 조잡한 공상을 할 수는 없더라도, 본질적으로는 프티부르주아적인 이런 염원에 '평화로운 초제국주의'에 대한 소박한 고찰이라는 형태를 부여할 수는 없을까? 국민적(더 정확하게는 국가별로 분리된) 제국주의를 세계적으로 통합함으로써 전쟁과 정치적 격변 등처럼 프티부르주아지가 특히 불쾌해하고 불안해하는 분쟁을 제거하는 게 '가능'하고 이런 국민적 제국주의의 통합을 초제국주의라고 이름 붙인다면, 비교적 평화롭고 분쟁이 없고 파국적이지 않은 '초제국주의'라는 소박한 염원을 통해, 이미 시작됐고 현존하는 분쟁과

---

* 《권력으로 가는 길Der Weg zur Macht》(1909)을 가리킨다 — 레닌.

파국의 제국주의 시기를 일소하면 어떨까? 유럽에서 이미 진행 중인 제국주의의 시기가 제기하고 있으며 또한 이미 제기한 '혹독한' 과제를 무시하면 안 될까? 이 시기는 곧 지나가 버리고 그 뒤에 비교적 '평화롭고' '날카로운' 전술이 필요하지 않은 '초제국주의'의 시기가 올 거라고 염원하면 어떨까? 카우츠키도 바로 그렇게 말한다. "이와 같은 자본주의의 새로운 [초제국주의적 — 레닌] 단계는 어떤 경우든 생각할 수 있다." 그러나 "그것의 실현 여부를 판단하기에는 아직 충분한 전제 조건이 없다."[1]

현존하는 제국주의를 회피하고 공상을 통해 실현 가능성조차 불분명한 '초제국주의'로 도망치려는 이런 노력 속에서 마르크스주의는 흔적조차 찾아볼 수 없다. 이런 추론 속에서 저자 자신조차 실현 가능성을 보증하지 못하는 '자본주의의 새로운 단계'를 위한 마르크스주의가 승인된다. 그러나 이미 시작된 현존하는 자본주의의 단계에서는 마르크스주의를 대신해 모순을 완화하려는 프티부르주아적이고 몹시 반동적인 염원을 내놓는다. 카우츠키는 다가올 임박한 파국의 시기에는 마르크스주의자가 될 것을 약속했었다. 그는 1909년에 다가올 시기에 대해 책을 썼을 때 이 시기를 예견하고 완전히 단호하게 인정할 수밖에 없었다. 지금, 그 시기가 도래했음을 결코 의심할 수 없는 이 때, 카우츠키는 실현 가능성조차 불분명한 다가올 초제국주의의 시기가 되면 마르크스주의자가 되겠노라고 다시 한 번 약속만 하고 있다! 요컨대, 지금이 아닌, 현재 조건에서가 아닌, 당면한 시기가 아닌 다른 시기에 마르크스주의자가 되겠노라고 실컷 약속만 하고 있을 뿐이다! 이것은 외상 마르크스주의, 언약뿐인 마르크스주의, 내일을 위한 마르크스주의, 프티부르주아적 기회주의 이론이고 — 단순한 이론이 아니라 — 오늘날 모순을 완화하려는 것이다. 그것은 국제주의가 적군 진영에서 표현되면 무조건 동조하지만 자국에서는, 동맹국에서는 안 된다고 말하는, 열렬한(정말이지 열렬한!) 국제주의자와 마르크스주의자 사이에 오늘날 널리 퍼진 수출을 위한 국제주의와 같은 것이다. 이들은 민주주의가 그저 '동맹국'의 약속에 머물 때는 민주주의에 동조한다. 이들은 '민족자결'이 (영광스럽게도 적잖은 수가 '민족자결'에 동조하는) 자민족에 종속된 민족들의 자기 결정이 아닐 때만 '민족자결'에 동조한다. 요컨대, [우리 시대에 널리 퍼진] 수많은 위선의 하나에 불과하다.

그러나 제국주의 이후에는 자본주의의 새로운 단계, 이른바 초제국주의를 추상적으로 '생각할 수 있다'는 것을 논박할 수 있는가? 없다. 이런 단계를 추상적으로는 생각해 볼 수 있다. 그러나 이것은 미래의 임박하지 않은 과제에 대한 공상을 내세워 현재 임박한 과제를 부정하는 것이므로, 실천에서는 기회주의자가 된다는 것을 의미할 뿐이다. 이론적으로는, 현실에서 벌어지는 발전에 기반하지 않고 이런 공상을 내세워 현실 발전에서 괴리된다는 것을 의미한다. 모든 기업과 모든 국가를 예외 없이 흡수해 버릴 단일한 세계 트러스트의 방향으로 발전이 진행되고 있다는 것은 의심의 여지가 없다. 그러나 이 방향으로의 발전은 다음과 같은 정세와 속도와 모순·분쟁·동요 속에 — 경제적일 뿐 아니라 정치적, 민족적, 기타 등등의 모순·분쟁·동요 속에 — 진행되고 있다. 즉, 단일한 세계 트러스트가 만들어지기 전에, 국민적 금융자본이 전 세계적 '초제국주의'로 통합되기 전에 제국주의는 필연적으로 붕괴돼야 하고 자본주의는 자신의 대립물로 바뀌게 될 것이다.

1915년 12월

머리말

내가 독자들에게 보여 주려는 이 연구는 해외에서 《코무니스트》에 발표한 논문을 고쳐 쓴 것이다. 약 2년 전 러시아로 원고를 보냈지만 처음에는 군 검열관의 수중에 들어갔다가 엉뚱한 출판사로 잘못 전달됐다. 그리고 2월 혁명 뒤에 이 원고가 '발견'됐다. 이 원고는 7월에 출판될 예정이었지만 공교롭게 7월 사태가* 터져 보안경찰과 사관생도가 우리 당의 인쇄소를 습격하고 또다시 내 원고를 가져갔다. 오랜 시간이 지난 뒤에 완전히 더럽혀진 원고를 되찾을 수 있었다. 그런데 이때 레닌 동지가 보내 준 장문의 매우 귀중한 서문을 잃어버렸다.**

---

* 7월 사태 1917년 7월 페트로그라드의 노동자·병사가 조급하게 봉기를 일으켰다가 임시정부와 반동 세력의 대규모 역공과 탄압에 부딪힌 사건.

** 이 책 첫머리에 실은 레닌의 서문이다. 이 서문은 레닌이 러시아로 원고를 보낼 때 자신이 보관하고 있던 사본이다.

이 책은 2년 전에 쓴 것이기 때문에 당연히 통계 수치들(특히 전쟁의 영향에 대한 장의 통계)은 낡았다.

안타깝게도, 나는 원고를 고쳐 쓰며 새로운 통계 수치를 반영할 수 없었다. 그저 분실된 몇 쪽과 마지막 장을 새로 썼을 뿐이다. 이 부분들은 예전 같으면 검열 때문에 발표할 수 없었을 것이다.

이 원고는 자본과 '사회주의적' 배신자들이 사회주의를 십자가에 매달아 마구 모욕하고 있을 때 쓰였다. 나는 이 원고를 러시아로 보내고 얼마 지나지 않아 스웨덴 왕의 감옥에서 혁명의 발전과 전망에 대해 충분히 생각할 수 있는 여유를 갖게 됐다.*

나는 이 서문을 러시아 혁명 운동이 가장 큰 승리를 거둔 시기에 쓰고 있다.

이 책이 제국주의에 대항하는 투쟁의 무기에서 가능한 한 빨리 역사적 문서가 돼 고문서 자료실 구석에 자리 잡고 먼지를 뒤집어쓰게 되기를 저자로서 간절히 바란다.

1917년 11월 25일

N 부하린

---

* 스웨덴 망명 시절에 부하린은 교량 폭파를 모의했다는 누명을 쓰고 한동안 수감됐다.

1부

세계경제와 자본의 국제화 과정

1장
세계경제에 대한 정의

1. 세계경제 문제로서의 제국주의
2. 사회적 분업의 특수한 사례로서의 국제분업
3. 국제분업의 자연적·사회적 전제 조건
4. 필연적·규칙적 과정으로서의 국제적 상품 교환
5. 국제적 상품시장
6. 화폐자본의 국제시장
7. 생산관계 체계로서의 세계경제
8. 확립된 생산관계의 다양한 형태
9. 사회경제 일반과 세계경제(경제활동의 주체)

'국민'국가들 사이의 투쟁은 개별 부르주아지 집단들 사이의 투쟁과 다름없지만, 그것은 진공상태에서 벌어지는 게 아니다.

이 거대한 충돌을 두 개의 물체가 진공 속에서 충돌하는 것으로 생각해서는 안 된다. 오히려 이 충돌이야말로 '국민경제 유기체'가 생활하고 성장하는 특수한 환경의 제약을 받는다. 이 유기체는 이미 오래전부터 격리된 전체가 아니며 피히테나 튀넨식의 '고립국'이 아니다. 이들 유기체는 더 큰 영역인 세계경제의 일부에 지나지 않는다. 마치 모든 개별 기업이 '국민경제'의 일부이듯이 이들 각각의 '국민경제'는 세계경제 체제에 포함된다. 그러므로 개별 기업들 사이의 투쟁을 사회경제적 생활의 현상 가운데 하나로 다루는 것처럼, 현대적 '국민경제'적 유기체들 사이의 투쟁도 우선 세계경제에서 다양한 형태로 서로 경쟁하는 부분들 사이의 투쟁으로 봐야 한다. 따라서 제국주의의 문제, 즉 제국주의의 경제적 성격과 그 미래에 대한 문제는 세계경제의 발전 경향과 세계경제의 내부 구조에서 일어날 수 있는 변화를 판단하는 문제로 귀결된다. 그러나 이 문제를 다루기에 앞서 먼저 '세계경제'라는 표현을 어떻게 이해할지를 합의해야 한다.

사회생활의 토대는 재화의 생산이다. 현대 사회는 단순히 생산물을 생산하는 것이 아니라 상품, 즉 교환되기 위한 생산물을 생산한다. 이때 서로 다른 생산물의 교환 과정은 상품을 생산하는 경제단위 간의 분업을 표현한다. 마르크스는 이를 개별 기업 내부의 분업과 대비해 사회적 분업이라고 불렀다. 사회적 분업이 다양한 형태를 띨 수 있다는 것은 분명하다. 예컨대, 한 국가 안에서 벌어지는 서로 다른 기업들 간의 분업이나 다양한 산업부문들 간의 분업, 또는 공업과 농업처럼 전체 생산 부문들 간의 분업, 또 일반적 경제체제 안에서 특수한 경제체제를 나타내는 국가들 간의 분업이 있다.

당연히 연구의 목적에 따라 다양한 분류와 여러 형태 분류를 제시할 수 있다. 여기서 우리는 다음과 같은 사실만을 고려해야 한다. 즉, 사회적 분업의 다양한 형태들과 함께 '국민'경제들 사이의, 다양한 국가들 사이의 분업, '국민경제'의 테두리를 넘어선 분업, 즉 **국제적 분업**이 존재한다는 사실이다.

국제적 분업에는 두 가지 전제 조건이 있다. 첫째는 **자연적** 조건이며, 이는 다양한 '생산 유기체'가 생활하고 있는 자연환경의 차이에서 생겨난다. 둘째는 **사회적** 성격을 갖는 조건인데, 이것은 문화 수준, 경제구조, 생산력 발전 단계의 차이에서 생겨나는 것이다.

첫째 조건부터 다뤄 보자.

서로 다른 공동체들은 그들의 자연환경 속에서 서로 다른 생산수단과 생활수단을 발견한다. 그러므로 공동체들의 생산방식·생활양식·생산물은 서로 다르다. 바로 이 자연 발생적 차이 때문에 공동체가 서로 접촉할 때 생산물이 서로 교환되고, 따라서 이 생산물들이 점차 상품으로 전환되는 것이다. 교환이 생산 영역들 사이의 차이를 만들어 내는 것은 아니다. 교환은 기존의 상이한 영역들을 서로 관련 맺게 하며, 그들을 하나의 사회적 총생산의 다소 상호 의존적인 부문들로 전환시킨다.[1]

생산 영역의 이런 차이는 자연적 생산 조건의 차이에서 비롯한다. 이 명제를 위한 풍부한 사례를 찾아내는 것은 어렵지 않다. 식물계의 생산을 예로 들어 보자.

커피는 특정 기후 조건에서만 생산된다. 주된 생산국은 브라질이며, 중앙아메리카에서도 일부 생산된다. 아프리카(아비시니아,* 영국령 중앙아프리카, 독일령 동아프리카)와 아시아(네덜란드령 인도,** 영국령 인도, 아라비아, 말라카***)에서는 극히 소량만 생산된다. 코코아는 열대기후 나라에서만 생산된다. 고무는 현대적 생산에서 매우 중요한 구실을 하는데, 마찬가지로 특정 기후 조건이 필요하며 생산 범위는 소수 나라(브라질, 에콰도르, 볼리비아, 가이아나 등)에 한정된다. 모든 섬유 원료 가운데 경제생활 측면에서 가장 중요한 면화는 미국, 영국령 인도, 이집

---

* 아비시니아 오늘날 에티오피아를 가리킨다.

** 네덜란드령 인도 오늘날 인도네시아를 가리킨다.

*** 말라카 오늘날 말레이시아의 믈라카를 가리킨다.

트, 중국, 소아시아,* 러시아령 중앙아시아에서 생산된다. 황마는 두 번째로 중요한 섬유 원료인데, 그 대부분을 오로지 영국령 인도가 수출한다. 광물 생산을 예로 들더라도 우리는 비슷한 양상을 보게 될 것이다. 광물 생산도 해당 나라들의 '천연자원'과 관련한 문제이기 때문이다. 예컨대, 석탄은 탄층이 풍부한 나라(영국, 독일, 미국, 오스트리아 등)가 수출한다. 석유는 유전이 있는 곳(미국, 캅카스, 네덜란드령 인도, 루마니아, 갈리치아**)에서 생산된다. 철광석은 스페인, 스웨덴, 프랑스, 알제리, 캐나다의 뉴펀들랜드, 쿠바 등에서 채굴된다. 망가니즈강은 주로 캅카스, 남러시아, 영국령 인도, 브라질이 제공한다. 구리광은 주로 스페인, 일본, 영국령 남아프리카, 독일령 서남아프리카, 호주, 캐나다, 미국, 멕시코, 칠레, 볼리비아에 풍부하다.

그러나 생산 조건의 자연적 차이가 아무리 중요하다고 해도, 각국 생산력의 불균등 발전에서 비롯하는 차이에 비하면 훨씬 덜 중요해진다.

확실히 강조해야 할 점은, 생산관계뿐 아니라 상업이나 운송에서

---

* 소아시아 오늘날 터키 지역을 가리킨다.

** 갈리치아 오늘날 유럽 중동부 지방을 가리킨다.

자연조건은 단순히 상대적 의의가 있을 뿐이라는 것이다. 다시 말해, 자연조건의 긍정적 또는 부정적 의의는 대체로 인간의 문화 수준에 달려 있다. (시간과 공간이라는 인간의 척도로 측정되는) 지구상의 모든 자연조건은 불변적인 것으로 여길 수 있지만, 문화 수준은 가변적이다. 자연조건의 차이가 각국의 생산과 운송에 아무리 중요하다 할지라도 문화적 차이도 그 못지않게 중요하다. 그리고 이 두 가지 요소의 결합 작용만이 경제생활의 모든 현상을 낳는다.[2]

예컨대 탄층을 보자. 만일 탄층 개발을 위한 기술적·경제적 전제 조건이 없다면 이는 '죽은 자본'이 될 수 있다. 다른 한편, 한때는 운송을 방해했던 산과 생산을 어렵게 만들었던 늪지 등도 고도로 발전한 기술(터널, 매립 기술 등)이 있다면 그 부정적 의의를 잃게 될 것이다. 그러나 우리에게 더욱 중요한 사실은, 생산력의 불균등한 발전이 상이한 경제적 유형과 상이한 생산 영역을 만들어 내고, 따라서 국제적 분업의 사회적 기반이 확대된다는 것이다. 여기서 우리가 생각해 볼 것은, 농산물을 수입하고 공산품을 수출하는 공업국과 농산물을 수출하고 공산품을 수입하는 농업국의 차이다.

상품의 교환을 통해 형성되고 발전한 모든 분업의 토대는 도시와

농촌의 분리다. 사회의 경제사 전체는 이 대립의 운동으로 요약된다고 말할 수 있다.[3]

'도시'와 '농촌'의 분리, 그리고 이 '대립의 운동'은 예전에는 한 나라에만 국한됐지만 이제 그 기반을 크게 확대해 재생산되고 있다. 이런 관점에서 보면, [오늘날] 모든 공업국은 '도시'로 나타나며, 모든 농업 지역은 '농촌'으로 나타난다. 여기서 국제적 분업은, 전체 사회적 생산의 양대 부문(즉, 공업과 농업) 간 분업과 일치하며, 이른바 '일반적 분업'이 된다.[4]

이는 농산물과 공산품의 생산에 필요한 입지 조건의 상호 관련성을 살펴본다면 이해하기 쉬울 것이다.

밀은 캐나다, 미국 농업지대, 아르헨티나, 호주, 인도 서부, 러시아, 루마니아, 불가리아, 세르비아, 헝가리에서 주로 생산된다. 호밀은 러시아가 주로 생산한다. 육류는 호주, 뉴질랜드, 미국 농업지대, 캐나다(특히 대규모 육류 생산), 아르헨티나, 덴마크, 네덜란드가 제공한다. 가축은 주로 유럽의 농업국이 공업국으로 수출한다. 유럽의 가축 생산 중심지는 헝가리, 네덜란드, 덴마크, 스페인, 포르투갈, 러시아 그리고 발칸반도 나라들이다. 목재는 스웨덴, 핀란드, 노르웨이, 러시아 북부가 제공하며, 일부는 이전 오스트리아-헝가리제국의 몇몇 지역이 제공한다. 캐나다의 목재 수출도 늘고 있다.

이제 공산품을 수출하는 나라들을 볼 텐데, 이들은 전 세계에서 가장 발전한 공업국들이다. 면직물을 시장에 제공하는 것은 주로 영국이다. 뒤를 이어 독일, 프랑스, 이탈리아, 벨기에 등이 있고, 대서양 너머의 나라로는 미국이 있다. 모직물은 영국, 프랑스, 독일, 오스트리아, 벨기에 등이 세계시장을 겨냥해 생산하고 있다. 선철과 철강 제품은 주로 영국과 독일과 미국, 즉 공업화가 최고 단계에 도달한 나라들이 생산한다. 2위권은 벨기에, 프랑스, 오스트리아-헝가리와 같은 나라들이다. 화학제품 생산 1위는 독일이며, 영국·미국·프랑스·벨기에·스위스가 뒤를 잇는다.[5]

이처럼 세계 자본주의 생산력의 독특한 배분이 이뤄진다. 사회적 노동의 양대 부문은 두 유형의 나라[공업국과 농업국]를 구분하는 바로 그 경계선으로 나뉘어 있다. 이렇게 사회적 노동이 국제적으로 분할돼 있음이 입증된다.

국제적 분업은 국제적 교환으로 표현된다.

> 생산자들은 자기들의 노동 생산물의 교환을 통해 비로소 사회적으로 접촉하기 때문에, 그들의 사적 노동의 독특한 사회적 성격도 오직 이 교환 안에서 비로소 나타난다. 바꿔 말해, 교환 행위가 노동 생산물들 사이에 수립하는 관계들과 [노동 생산물을 매개로] 생산자들 사이에 수립하는 관계들을 통해서만, 비로소 사적 개인의

노동은 사회적 총노동의 한 요소로 나타난다.[6]

세계 전체의 사회적 총노동은 나라들 사이에서 분할되고, 개별 나라의 노동은 국제적 규모로 벌어지는 교환을 통해서 전 세계의 사회적 총노동의 일부가 된다. 이렇게 교환 과정에 개별 나라들이 연결돼 있는 것은 결코 단순한 우연이 아니다. 이런 결합은 지속적 사회 발전의 필수 조건이며, 국제적 교환은 사회·경제 생활의 자연적 과정으로 바뀌고 있다. 만일 미국과 호주가 밀과 가축 수출을 중단한다면, 영국과 벨기에가 석탄 수출을 중단한다면, 러시아가 곡물과 원재료 수출을 중단한다면, 독일이 기계와 화학제품 수출을 중단한다면, 인도와 이집트와 미국이 면화 수출을 돌연 중단한다면, 전 세계의 사회·경제 생활은 완전히 산산조각 날 것이다. 반대로 농산물을 수출하던 나라들이 갑자기 시장을 잃게 된다면, 마찬가지로 파멸을 선고받을지 모른다. 이 점은 (예를 들어 브라질의 커피 생산, 이집트의 면화 생산처럼) 거의 한 종류의 생산물만 생산하는 이른바 '모노컬처 경제' 나라들에서 특히 명백하다. 오늘날 정상적 경제 생활을 유지하는 데서 국제적 교환이 얼마나 중요한지는 다음과 같은 사례를 보면 분명해질 것이다. 영국은 19세기 초 3분의 1의 기간 동안 전체 곡물 수요의 2.5퍼센트만을 수입했지만, 지금은 곡물 수요의 약 50퍼센트(심지어 밀은 80퍼센트), 육류의

약 50퍼센트, 버터의 70퍼센트, 치즈의 50퍼센트 등을 외국에서 수입한다.[7]

> 빌헬름 렉시스의 계산에 따르면, 벨기에 공장주에게 해외시장은 국내시장과 동일한 중요성을 갖는다. 영국은 국내시장이 수출되는 공산품, 금속과 석탄의 두 배도 흡수하지 못한다. 독일은 국내시장의 규모가 해외시장의 4~4.5배다.[8]

카를리스 발로디스[독일식 이름은 카를 발로트]에 따르면, 영국은 밀 수요의 4분의 3에서 5분의 4를 수입하고, 육류의 40~50퍼센트를 수입한다. 독일은 곡물 수요의 24~30퍼센트를 수입하고, 가축 사료의 60퍼센트와 육류의 5~10퍼센트를 수입한다.[9]

이런 사례는 얼마든지 들 수 있다. 이것은, 지리적으로 서로 멀리 떨어져 있는 수많은 개별 경제들 사이에 규칙적 시장 관계가 존재한다는 것을 분명하게 보여 준다. 동시에 국제적 분업과 국제적 교환은 세계시장과 국제가격의 존재를 전제한다. 일반적으로 말하면, 오늘날의 가격 수준은 지역적 또는 '국민적' 생산의 고유한 생산비로 결정되지 않는다. '국민적' 또는 지역적 특수성[차이]은 국제가격의 전반적 귀결 속에서 균등해진다. 이어서 이런 국제가격이 개별 생산자, 개별 국가, 개별 영역에 영향을 미친다. 이 현상은 석탄과 철, 밀과 면화, 커피와 양모, 육류와 설탕 등의 상품을 예로 들면 분명해진다. 곡물 생산을 보자. 곡물은 생산 조건이 나라마다 매우 다양하지만 가격에는 큰 차이가 없다.

〈표 1〉 1901~1908년의 호밀, 밀, 보리의 1000킬로그램당 가격[10]

마르크화

시장	호밀	밀	보리
빈	146	168	149
파리	132	183	–
런던	–	139	138
뉴욕	–	141	–
독일	155	183	163

밀의 생산 조건은 영국과 미국에서 상당히 다르다. 그럼에도 밀 가격은 런던과 뉴욕 시장에서 거의 비슷하다(1톤당 139마르크와 141마르크). 그 이유는 미국산 밀이 대서양을 건너 영국과 서유럽으로 끊임없이 유입되기 때문이다.

이는 특히, 런던·뉴욕·베를린과 같은 세계적 대도시의 상품 거래소에서 국제가격의 형성과 움직임을 볼 때 더 분명히 알 수 있다. 이곳에서는 국제가격의 변동이 매일 기록되고, 세계 각 지역의 정보가 모여들며, 따라서 세계적 수요와 세계적 공급이 고려된다.

국제적 상품 교환은 국제적 분업에 의존하고 있다. 그러나 국제적 상품 교환이 국제적 분업의 한계 내에서만 이뤄진다고 생각해서는 안 된다. 각국은 서로 다른 종류의 생산물뿐 아니라, 같은 종류의 생산물도 교환한다. 예를 들어, A국은 B국에서 전혀 생산되지 않거나 매우 소량만 생산되는 생산물을 B국에 수출할 뿐 아니라 B국의 국내 생산과 경쟁하기 위해서도 자국 상품을 B국에 수출할 수 있다. 이런 경우의 국제적 교환은 서로 다른 종류의 사용가치 생산을 전제로 하는 분업에 입각한 것이 아니라 오로지 각국의 서로 다른 생산비, 서로 다른 가치에 입각한 것이다. 그런 서로 다른 가치는 국제적 교환을 통해 세계적 규모에서 사회적 필요노동으로 바뀐다.[11]

상품 교환 과정이 여러 나라들을 얼마나 밀접하게 연결하는지는 지불수단의 절약, 즉 금괴 운송의 절약에서 볼 수 있다.

> 한편에서 어떤 나라의 금괴 수출입을 합산하고 다른 한편에서 상품의 수출입을 합산하면, 가치상의 금괴 수송량은 상품 수송량 가치의 5퍼센트에도 못 미친다는 것을 알 수 있을 것이다. 이때 주의할 점은, 무역수지는 그 나라의 국제수지의 일부분일 뿐이라는 것이다.[12]

상품유통 분야에서 국제적 상품시장이 형성돼 있는 것처럼 화폐자본의 국제시장도 형성돼 있다. 이 시장은 이자율과 할인

율의 국제적 균등화로 나타난다. 따라서 "금융이라는 요소도 개별 국가의 경기 상황이 국제적 경기 상황(세계적 경기 상황)으로 대체되도록 촉진하는 경향을 보이게 된다."[13]

상품시장의 사례에서 봤듯이, 시장 관계 뒤에는 생산관계가 숨어 있다. 교환 과정에서 벌어지는 생산자들의 모든 결합은 그것이 어떤 형태든 간에, 이미 이들 생산자의 사적 노동이 사회적 총노동을 구성하고 있음을 전제한다. 교환의 배후에는 생산이 숨어 있고, 교환관계의 배후에는 생산관계가 숨어 있고, 사물 관계 즉 상품 관계의 배후에는 상품을 생산하는 인간관계가 숨어 있다. 교환 과정에서 생겨난 연결이 우연적인 것이 아니라면, 우리에게 주어진 것은 일정한 확장성을 갖고 사회의 경제적 구조를 표현하는 안정적인 생산관계 체제다. 따라서 우리는, 세계경제를 세계적 규모의 생산관계 체계와 그에 따른 교환관계 체계로 정의할 수 있다. 그러나 이런 생산관계가 단순히 상품 교환 과정에서만 만들어진다고 생각해서는 안 된다. "사람들이 어떤 방식으로든 서로서로를 위해 노동하게 되면, 그들의 노동도 사회적 형태를 취하게 되기 때문이다[강조는 나의 것 — 부하린]."[14] 다시 말해, 직접적이든 간접적이든 생산자들 사이의 연결이 어떤 형태로든 생겨난다면, 이런 연결이 생겨나자마자 또한 지속적 성격을 갖게 되자마자 우리는 이에 대해 생산관계 체계의 창출, 즉 사회경제의 성장(또는 형성)을 말할 수 있다. 따라서 상품 교환은 생산관계의 가장 원시적인 표현 형태의 하나다. 오늘날의 매우 복잡한 경제생활은 다양한 형태를 보이지만, 그 배경에는 생산관계가 숨겨져 있다. 예컨대, 베를린 증권거래소에서 미국 기업의 주식이 매매되면 독일 자본가와 미국 노동자 사이에 생산관계가 만들어진다. 만일, 러시아의 한 도시가 런던의 자본가로부터 차관을 들여오고 이자를 지불한다면 다음과 같은 일이 벌어진다. 영국 노동자와 영국 자본가 사이의 관계를 보여 주는 잉여가치의 일부가 러시아의 해당 지방정부로 이전되고 이 도시의 부르주아지가 이를 받는다. 또한 이 러시아의 지방정부는 러시아 노동자와 러시아 자본가 사이의 생산관계를 표현하게 될 잉여가치의 일부를 이자라는 형태로 런던의 자본가에게 지불한다. 이런 방식으로 양국 노동자와 자본가의 관계가 모두 만들어진다. 여기서 특별히 중요한 역할을 하는 것이, 우리가 위에서 살펴본 것처럼, 갈수록 성장하는 화폐자본의 운동이다. 그 밖에도 여러 형태의 경제적 관계를 예로 들어 볼 수 있다. 노동력의 이동인 이민과 이주, 이주노동자 임금의 일부 이전(본국으로의 송금), 해외 기업 설립과 획득한 잉여가치의 이동, 상선회사의 이윤 등. 이 점에 대해서는 뒤에 다시 논하겠다. 다만 여기서 지적하고 싶은 것은, 궁극적으로 생산과정에 참여하는 인간들 사이의 관계를 기초로 한 모든 경제 현상이 '세계경제'에 포함된다는 것이다. 대체로 현대 세계경제의 모든 과정은 잉여가치의 생산과 부르주아지의 크고 작은 다양한 집단들 사이의 분배로 귀결한다. 이것은 두 계급, 즉 한편으로 세계 프롤레타리아와 다른 한편으로 세계 부르주아지 사이의 관계의 끊임없는 확대재생산을 기초로 이뤄진다.

세계경제는 사회경제 일반의 한 종류다. 그런데 정치경제학은 사회경제를 무엇보다 교환으로 서로 연결된 개별 경제들의 체계로 이해한다. 이런 관점에서 완전히 분명한 것은, '사회경제'는 경제적 관계의 총체를 관리하는 '경제주체'를 결코 전제하지 않는다는 것이다. 정치경제학은 '경제활동을 하는' 계획적인 '목적론적 총체'로서의 경제를 연구하는 게 아니다. 정치경제학이 무엇보다 우선 고찰하는 것은, 시장과 시장이 지배하는 생산의 기본 법칙이 곧 경제법칙이 되는 그런 경제의 비조직적 체계다. 따라서 일반적 사회경제 개념에서도, 특수한 세계경제 개념에서도 '조정'이라는 것이 결코 결정적이고 규정적인 성격의 구실을 할 수 없다.

"국제시장이 국민적 이해[즉, '국민적' 지배계급의 이해 — 부하린]의 전쟁터가 됐기 때문에, 지금까지 국민경제 유기체는 완전한 무정부 상태가 지배하고 있는 국제시장에 일반적 조정이라는 영향을 미칠 수 없었다."[15] 이런 사실에도 불구하고, 세계경제는 여전히 세계경제다.[16]

2장
세계경제의 성장

1. 세계경제의 외연적 성장과 내포적 성장
2. 세계경제 생산력의 성장과 기술
3. 석탄, 철강, 주철, 구리, 금의 채굴
4. 기타 생산물의 생산
5. 운송 산업(철도와 해운), 통신, 해저케이블
6. 해외무역의 증대
7. 이민
8. 자본의 이동(자본수출)과 그 형태들
9. 외국기업에 대한 참여와 융자(산업 기업과 은행의 활동)

국제적인 경제적 결합의 증가는 — 세계적 규모에서 벌어지는 생산관계 체계의 성장도 — 다음의 두 가지 방식으로 일어난다. 한편에서 국제적 결합이 횡적으로 증가하며, 아직까지 자본주의적 생활의 소용돌이에 말려들지 않은 영역을 끌어들이게 된다. 이 경우를 우리는 세계경제의 외연적 성장이라고 할 것이다. 다른 한편에서 국제적 결합은 종적으로 성장하며 갈수록 밀접해지고 집중화된다. 이런 경우 우리는 세계경제의 내포적 발전을 보게 된다. 세계경제 성장은 구체적으로 그리고 역사적으로 이 두 가지 방향으로 동시에 일어난다. 실제 외연적 성장은 주로 열강들의 침략적 식민정책을 통해 일어난다.[1]

최근 수십 년 동안 세계경제가 급속하게 성장할 수 있었던 것은 세계 자본주의 생산력이 놀라울 만큼 발전했기 때문이다. 이런 발전을 직접적으로 보여 주는 것이 기술 진보다. 최근 수십 년 동안 가장 중요한 기술적 성과는 다양한 형태의 전력 생산과 원거리 송전이다. 전력을 멀리까지 송전할 수 있게 되자 동력 생산 지점과 어느 정도 떨어진 곳에서도 생산이 이뤄질 수 있게 됐다(과거에는 결코 가능하지 않았다). 이는 특히 전기에너지 생산에 수력을 이용하는 것과 연관이 있다. 이 때문에 오늘날에는 '검은 석탄'과 함께 '하얀 석탄'[수력]이 가장 중요한 생산기술 요소가 됐다. 이런 방식으로 현대적 수력터빈이 출현했고, 과거에는 생각지도 못했던 규모로 에너지를 공급할 수 있게 됐다. 전기공학은 증기터빈 발전에도 큰 영향을 미쳤다. 전등[의 발명]과 금속가공에 전기공학적 과정을 이용하는 것 등도 언급해야 한다. 내연기관도 경제생활에 커다란 영향을 줬다. 용광로 가스를 생산적으로 이용할 수 있게 되면서 가스기관이 발전했다. 한편, 액체 물질도 동력원의 구실을 한다. 특히 등유와 휘발유가 그렇고, 디젤기관이 일반적으로 사용되면서 시대에 뒤처진 증기기관을 대체하려는 경향을 보인다.[2] 과열증기의 이용, 응용화학 분야, 특히 염색업 분야의 여러 발명, 교통기관의 완전한 변혁(전기를 이용한 운송 수단, 자동차), 무선전신·전화 등도 급속한 기술 발전의 전체 그림에서 빼놓을 수 없다. 과학과 산업의 결합이 오늘날만큼 위대한 성공을 거둔 적은 없다. 생산과정의 합리화는 추상적 지식과 실천적 활동이 매우 긴밀하게 협력하는 형태로 나타난다. 대공장 안에 특별 연구소가 마련되고, '발명가'라는 특별한 직업이 생겨나고(예를 들어 에디슨), '필요한' 문제를 연구하는 수백 개의 학술 단체가 조직됐다.

〈표 2〉 특허 등록 건수

미국[3]		독일[4]		영국[5]		프랑스[6]	
연도	특허 건수	연도	특허 건수	연도	특허 건수	연도	특허 건수
1840	473	1900	8,784	1860~1869	21,910	1850	1,687
1860	4,778	1905	9,600	1880~1887	30,360	1880	6,057
1880	13,917	1910	12,100	1900	13,170	1900	10,997
1900	26,499	1911	12,640	1905	14,786	1905	11,463
1907	36,620	1912	13,080	1908	16,284	1907	12,680

기술 발전은 특허 출원 수를 바탕으로 어느 정도 판단할 수 있다. 매해 등록된 특허는 위와 같이 증가하고 있다(표 2).

기술 진보에 따라 추출되고 가공되는 생산물의 총량도 증가한다. 이는 중공업 관련 통계에서 가장 뚜렷이 드러난다. 왜냐하면 사회적 생산력의 발전 속에서 불변자본, 특히 고정자본 부문의 생산이 끊임없이 우세해지기 때문이다. 사회적 노동의 생산력이 발전한다는 것은 사회적 노동의 점점 더 많은 부분이 생산수단의 생산이라는 [생산의] 예비적 작업에 쓰이는 반면 사회적 총노동의 점점 더 적은 부분이 소비 수단의 생산에 사용된다는 뜻이다. 바로 이런 이유로, 사용가치의 현물 형태인 소비 수단의 양은 믿기지 않을 정도로 증가한다. 이 과정은, 경제적으로는 특히 사회적 자본의 유기적 구성의 증가, 즉 가변자본에 비해 불변자본이 더 빨리 증가하고 이윤율이 저하하는 것으로 나타난다. 그런데 자본이 불변자본과 가변자본으로 구성돼 있고 불변자본이 끊임없이 상대적으로 증가한다면, 이는 자본의 가치 구성이 불균등하게 증가함을 보여 준다. 만약 불변자본을 고정자본과 유동자본(일반적으로 가변자본도 여기에 포함된다)으로 나눈다면, 고정자본이 더 빠르게 증가하는 경향을 볼 수 있다. 이는 본질적으로 (노동생산성의 증가라는 전제 아래) 생산수단의 생산이라는 생산의 예비적 작업에 갈수록 더 많은 사회적 에너지가 흡수된다는 법칙을 보여 준다.[7]

이를 분명히 보여 주는 것이 광업과 야금업의 거대한 성장이다. 일반적으로 한 나라의 경제 발전을 보여 주는 것이 그 나라의 공업화 수준('공업국'인가 '농업국'인가)이라면, 공업화된 나라의 경제 발전을 보여 주는 것은 중공업의 비중이다. 따라서 세계 자본주의의 경제력 향상은 중공업 부문의 성장에서 가장 잘 나타난다.

그래서 (1850년 이후) 60여 년 동안, 석탄 생산은 14배 이상(1320퍼센트 성장), 철광석은 12배 이상(1113퍼센트 성장), 주철은 13배 이상(1266퍼센트 성장), 구리는 19배 이상(1834퍼센트 성장), 금은 13배 이상(1218퍼센트 성장)으로 증가했다(표 3).[8]

다른 생산물, 주로 세계시장을 겨냥해 생산되는 소비재(소위 '세계무역상품')의 생산 증가는 아래와 같다(표 4).

거의 30년 동안, 밀 생산(1881~1889년부터 1914년까지)은 1.6배(67퍼센트 성장), 면화 생산(1884~1890년부터 1914~1915년까지)은 2.2배(127퍼센트 성장), 설탕 생산(첨채당[사탕무로 만든 설탕]과 감자당[사탕수수로 만든 설탕]의 합계)은 1880년부터 1914~1915년까지 3.5배 이상(261퍼센트 성장)으로 증가했다.

이 통계들은 어떤 말보다 설득적이다. 방대한 양의 생산물이 생산과정에서 나와 유통과정에 들어간다. 오늘날 세계시장은 과거의 100배가 넘는 상품을 해마다 흡수하고 있다. 그러나 이 세계시장은 본래 의미에서 일정한 수준의 생산력 발전만을 전제

〈표 3〉 전 세계의 중공업 생산

석탄[9]		철광석[10]		주철		구리[11]		금[12]	
연도	100만 톤	연도	1000톤	연도	1000톤	연도	1000톤	연도	100만 파운드
1850	82.6	1850	11,500.0	1850	4,750	1850	52.0	1850	12
1875	283.0	1860	18,000.0	1875	14,119	1880	156.5	1880	22
1880	344.2	1880	43,741.0	1900	41,086	1900	561.0	1900	52
1890	514.8	1890	59,560.1	1901	41,154	1901	586.0	1905	78
1900	771.1	1900	92,201.2	1902	44,685	1902	557.0	1906	83
1901	793.2	1901	88,052.7	1903	47,057	1903	629.0	1907	85
1902	806.7	1902	97,134.1	1904	46,039	1904	654.0	1908	91
1903	883.1	1903	102,016.9	1905	54,804	1905	751.0	1909	93
1904	889.9	1904	96,267.8	1906	59,642	1906	774.0	1910	94
1905	940.4	1905	117,096.3	1907	61,139	1910	891.0	1911	95
1906	1,003.9	1906	129,096.3	1911	64,898	1911	893.8	1912	96
1907	1,095.9	1910	139,536.8	–	–	1912	1,018.6	1913	93
1911[13]	1,165.5	–	–	–	–	1913	1,005.9	1914	91

〈표 4〉 전 세계의 식료품·면화·고무 생산

밀[14]		면화[15]		설탕[16]		코코아[17]		커피		고무[18]	
연도	100만 톤	연도	1000bls.	연도	1000톤	연도	1000톤	연도	1000톤	연도	1000톤
1881~1889	–	1884~1890	8,591.0	1880	3,670	–	–	1875	513	–	–
1900	67	1890~1896	10,992.0	1895	7,830	1895~1899	82	1892	710	1900	50
1905~1907	90	1896~1902	13,521.6	1904~1905	11,797	1900~1904	119	1903	1,168	1901~1902	57
1908	87	1902~1908	16,049.6	1907~1908	14,125	1907	149.9	1905~1906	1,000	1902~1904	57
1909	96.9	1911~1912	20,529.9	1911~1912	13,270	1908	193.6	1906~1907	1,500	1906~1907	72
1910	99.1	1912~1913	19,197.9	1912~1913	15,404	1909	205.2	1908	1,100	–	–
1912	105.6	1913~1914	20,914.6	1913~1914	16,081	1910	216	–	–	–	–
1913	109.5	1914~1915	19,543.5	1914~1915	13,252	–	–	–	–	–	–
1914	100.1	–	–	–	–	–	–	–	–	–	–

하는 것은 아니다. 그 물질적 조건 하나는 운송업의 발전이다. 운송 수단이 발전할수록 상품의 이동이 더욱 빠르게 효과적으로 이뤄지고, 각각의 국지적·'국민적' 시장의 결합 과정이 점점 더 빨라지고, 세계경제의 통일적 생산 유기체가 더욱 급속히 성장한다. 이것이 증기와 전기를 동력으로 사용하는 운송업이 경제생활에서 차지하는 구실이다. 19세기 중엽(1850년)에는 3만 8600킬로미터였던 철로가 1880년에는 37만 2000킬로미터로 늘어났다.[19] 이때부터 선로의 전체 길이는 놀라운 속도로 증가했다(표 5).

〈표 5〉 철로의 길이[20]

	1890년 말 (킬로미터)	1911년 말 (킬로미터)
유럽	223,869	338,880
미국	331,417	541,028
아시아	33,724	105,011
호주	18,889	32,401
아프리카	9,386	49,489
합계	617,285	1,057,809

이처럼 철로의 길이는 20년 동안(1890~1911년) 171배(71퍼센트 성장)로 증가했다.

해운업에서도 비슷한 발전을 볼 수 있다. 여기서 강조해 둘 것은, 해상 운송이 완전히 특별한 구실을 한다는 것이다. 왜냐하면 해상 운송으로 대륙 간 상품 이동('대양 무역')이 생겨나고, 유럽에서조차 비교적 저렴한 운임 덕분에 그 중요성이 크기 때문이다(예컨대, 흑해와 발트해 사이의 상품 이동을 보라). 다음 수치는 해상무역의 성장을 보여 준다(표 6).

〈표 6〉 해상 운송 증가율[21]

	1872~1907년의 증가율(%)	1890~1907년의 증가율(%)
영국 상선	184	106
독일 상선	281	166
프랑스 상선	70	96
노르웨이 상선	64	7
일본 상선 (1895~1907년)	1,077	52

세계 조선업(상선)은 최근 몇 년 동안 다음과 같이 발전했다(표 7).

〈표 7〉 세계 조선업(총톤수로 표시)[22]

연도	톤수
1905	2,514,922
1906	2,919,763
1907	2,778,088
1908	1,833,286
1909	1,602,057
1910	1,957,853
1911	2,650,140
1912	2,901,769
1913	3,332,882
1914	2,852,753

베른하르트 하름스에 따르면[23] 세계 상선대商船隊의 적재 능력은 1899년부터 1909년까지 불과 10년 동안 55.6퍼센트나 증가했다. 해상 운송의 이런 거대한 성장으로 상품의 세계적 유통이 믿을 수 없을 만큼 신속해져 여러 대륙의 경제 유기체를 연결하고 가장 뒤처진 나라들의 전前자본주의적 생산방식에 혁명을 불러일으킬 수 있게 됐다.

그러나 상품유통은 이런 방법으로만 빨라지는 게 아니다. 상품유통과 자본순환이 상품의 장소 이전을 꼭 전제하는 것은 아니기 때문에 실제 자본주의 메커니즘의 운동은 상당히 복잡하다.

> 자본의 순환과 그것의 한 분절을 이루는 상품 탈바꿈의 내부에서 사회적 노동의 물질대사가 이뤄진다. 이 물질대사는 생산물의 공간적 이동, 한 장소에서 다른 장소로 현실적 운동이 필요할 수도 있다. 그러나 상품의 유통은 상품의 물리적 운동 없이도 진행될 수 있고, 생산물의 운송은 상품의 유통 없이, 심지어는 생산물의 직접적 교환 없이도 진행될 수 있다. A가 B에게 파는 주택은 상품으로 유통되지만 가만히 그 자리에 서 있다. 면화나 선철 같은 이동 가능한 상품들도 투기꾼들의 매매를 통해 수십 번 유통과정을 거치면서도 동일한 창고에 남아 있을 수 있다. 여기에서 실제로 이동하는 것은 물건 그 자체가 아니라 물건에 대한 소유권이다.[24]

최근에도 동일한 과정이 강력하게 나타나고 있다. 이는 자본주의가 가장 추상적인 형태로 발전하고, 자본이 비인격화되고, 오늘날 특수한 형태의 자산인 유가증권이 증가하는 것, 다시 말해 '증권자본주의'(리프만) 또는 '금융자본주의'(힐퍼딩)의 발전 때문이다. 상품과 각종 유가증권 가격의 국제적 표준화는 전신電信을 통해 이뤄진다(증권거래소와 상품거래소의 활동을 보라). 전신망은 운송 수단만큼 급속하게 증가하고 있다. 특히 중요한 것은 여러 대륙을 연결하는 해저케이블의 증가다. 1913년 6월 말에 해저케이블 수는 2547개(지금은 이미 2583개다)였는데 그 총길이는 51만 5578킬로미터에 달한다.[25] 이처럼 해저케이블은 철도망(1911년에 105만 7809킬로미터)의 절반에 달한다. 이렇듯 세계 자본주의의 경제구조는 매우 유연해지고, 그 모든 부분이 끊임없이 상호작용하며, 한 부분의 미세한 변동도 즉시 다른 모든 것에 영향을 미친다.

지금까지 세계경제의 기술적·경제적 전제 조건을 살펴봤다. 이제는 과정 그 자체를 고찰해 보자. 이미 살펴봤듯이, 상품경제에서 경제적 결합의 가장 원초적인 표현 형태는 교환이다. 이 결합을 세계적 규모로 표현하는 것이 국제가격이란 범주다. 동일한 현상이 표면화된 것이 국제적 상품 이동, 즉 '국제무역'이다. 여기서 든 통계는 아주 정확하다고 할 수는 없지만, 그럼에도 세계시장 범위의 꾸준한 확대 경향을 잘 보여 준다(표 8과 9).

〈표 8〉 세계 주요국의 해외무역(수출입 총액)[26]

연도	100만 마르크
1903	101,994.0
1904	104,951.9
1905	113,100.6
1906	124,699.6
1907	133,943.5
1908	124,345.4
1909	132,515.0
1910	146,800.3
1911	153,870.0

〈표 9〉 1891~1910년 주요국의 해외무역 증가율[27]

나라	수입(%)	수출(%)
미국	78	77
영국	43	52
독일	105	107
프랑스	25	54
러시아	100	85
네덜란드	110	90
벨기에	105	84
영국령 인도	75	62
호주	35	74
중국	64	79
일본	300	233

이렇듯 1903년부터 1911년까지 8년 동안 해외무역 거래액은 50퍼센트 증가했다. 이것은 제법 주목할 만한 규모다. 경제생활

의 맥박이 빨라질수록, 생산력 발전이 빨라질수록, 경제의 국제화 과정이 더욱 확장되고 깊어진다. 그러므로, "국제 관계의 중요성이 감소하고 있다"는 베르너 좀바르트의 이론은 완전히 틀렸다.[28] 현대 경제학자 중에서도 가장 자기모순에 빠진 이 경제학자는 [제국주의가] 경제적 '아우타르키', 즉 거대한 자급자족적 체제의 창출을 향해 나아간다고 주장하며 제국주의 이데올로기에 [제1차세계대전] 이전부터 헌신해 왔다.[29] 그의 '이론'은 독일 완성품을 위한 국내시장이 수출보다 빠르게 증가한다는 사실을 일반화한 것이다. 이 사실로부터 좀바르트는 해외무역 일반의 중요성이 감소할 것이라는 기묘한 결론을 이끌어 냈다. 그렇지만, 하름스가 정확히 지적했듯이,[30] 완성품이 해외시장보다 국내시장으로 향한다는 사실을 인정하더라도(좀바르트는 독일에 관한 자료만을 기초로 그렇게 주장한다), 완성품의 국내 거래와 국내시장의 전제 조건인 원료와 곡물 수입의 증가를 무시해서는 안 된다. 왜냐하면 독일은 원료와 곡물의 수입 덕분에 이것들의 생산에 생산력을 낭비할 필요가 없는 것이기 때문이다. 국제적 교환의 두 가지 측면과 사회적 생산의 모든 부문에의 생산력 배분을 고려한다면 일정한 결론을 이끌어 낼 수 있다. 바야흐로 최근의 발전 경향은 국제적 교환관계(그리고 그 밖의 많은 관계)의 성장에 더없이 유리하다. 이 경향 속에서 한편으로 농업국과 반半농업국이 놀라운 속도로 공업화하고 이 나라들에서 해외 농산물에 대한 수요가 만들어지고, 다른 한편으로 카르텔적 수출 정책(덤핑)이 온갖 수단을 동원해 강화된다. 국제적 시장 관계가 빠르게 성장해 세계경제의 상이한 부분을 서로 더 단단하게 묶고, '국민적'·경제적으로 고립된 영역을 더욱 밀접하게 연결하고, 새로운 고도의 비자본주의 형태의 세계적 생산을 위한 토대를 더욱 빠르게 만들어 내고 있다.

국제적 상품 거래가 전 세계 사회경제 유기체의 '신진대사'를 보여 준다면, 국제적 인구 변동은 그중에서도 특히 경제생활의 주요 요소인 노동력의 이동을 보여 준다. 국민경제의 범위 안에서는 다양한 생산 부문 내에서의 노동력 분배가 (동일한 수준으로 안정되는 경향을 보이는) 임금수준에 의해 규제된다. 마찬가지로 세계경제에서는 임금수준의 평균화 과정이 이민이란 방법으로 이뤄진다. 자본주의 신대륙[아메리카 대륙]이라는 거대한 저수지는 유럽과 아시아의 '과잉'인구를 흡수해 농업에서 생겨난 빈궁한 농민부터 도시 실업자 '산업예비군'까지 끌어들인다. 이렇게 세계적 규모에서 노동력의 수요와 공급이 자본에 필요한 비율로 균형을 이루게 된다. 이 과정의 양적 측면에 대한 개념을 제공하기 위해 몇 가지 통계를 인용하겠다(표 10과 11).

1912년 이탈리아에서 71만 1446명, 잉글랜드와 아일랜드에서 46만 7762명, 스페인에서 17만 5567명(1911년), 러시아에서 12만 7747명 등이 이민을 떠났다.[31] 노동자가 조국을 떠나 새

〈표 10〉 미국으로 건너간 이민자 수[32]

연도	미국으로 건너간 이민자 수
1904	812,870
1905	1,026,499
1906	1,100,735
1907	1,285,349
1914	1,218,408

〈표 11〉 독일 내 외국인 수[33]

연도	독일 내 외국인 수
1880	276,057
1900	778,737
1910	1,259,873

나라로 이주하는 영주적 이민에 더해 계절노동을 위한 일시적 이민이 여기에 포함돼야 한다. 그래서 이탈리아의 경우 일부는 일시적 이민자다. 러시아와 폴란드의 노동자들은 농업 노동(소위 '작센 벌이')을 위해 이주한다. 이와 같은 노동력의 밀물과 썰물은 이미 국제적 노동시장의 한 현상이 됐다.

모든 자본주의적 관계의 한 극인 노동력의 이동에 조응하는 것은 또 다른 한 극인 자본의 이동이다. 전자의 이동 과정이 임금수준의 평균화 법칙에 의해 규제되는 것과 마찬가지로, 후자에서는 이윤율의 국제적 균등화가 일어난다. 자본을 수출하는 나라의 관점에서 보통 자본수출이라고 불리는 자본의 이동은 현대 경제생활에서 매우 커다란 의의가 있기 때문에, (자르토리우스 폰 발터스하우젠 같은) 일부 경제학자들은 현대 자본주의를 수출 자본주의라고 부른다. 우리는 이 현상을 다른 관계 속에서 다시 한 번 다룰 것이다. 여기서는 경제생활의 국제화 과정에서 가장 중요한 한 요소이자 세계경제의 성장을 보여 주는 국제적 자본 이동의 주요 형태와 대략적 규모를 확인하는 데 그칠 것이다. 자본수출의 양대 범주는 첫째로 이자를 낳는 자본의 자본수출이며 둘째로 이윤을 낳는 자본의 자본수출이다.

이런 분류의 틀 내에서 다시 다양한 부차적 부문과 형태를 구분할 수 있다. 우선 첫째로 볼 수 있는 것이 국가와 공공단체의 차관이다. 경제생활 일반의 발전과 '국민경제' 전반의 군사화에 따른 국가 재정의 거대한 팽창 때문에 경상비를 벌충하기 위한 해외 차관이 더 많이 필요해진다. 다른 한편, 대도시가 성장함에 따라서 많은 사업들(철도, 전등, 상하수도, 도로, 난방시설, 전신·전화, 도축장 설치 등)이 추진돼야 하는데, 여기에도 많은 돈이 필요하다. 이런 자금도 종종 차관으로 마련된다. 자본수출의 둘째 형태는 '자본참가Beteiligung, Partizipation' 제도다. 이는 A국 기업(공업, 상업, 은행 등)이 B국 기업의 주식이나 회사채를 소유하는 것이다. 셋째 형태는 외국 기업에 대한 융자, 즉 구체적 목적을 위한 자본형성이다. 은행이 다른 기관이나 은행 자신이 설립한 외국 기업에 융자하거나, 공업 기업이 독립적 기업 형태인 '자회사'에 융자하거나, 특수한 '융자회사'가 외국 기업에 융자하는 것이다.[34] 넷째 형태는 특정한 목적 없이 제공되는 신용(이 경우 '융자'가 필요하다)으로, 어떤 나라의 대형 은행이 다른 나라의 은행에 자금을 빌려주는 것이다. 마지막으로 다섯째 형태는 되팔기 목적으로(발권은행의 활동을 보라) 외국 주식 등을 매입하는 것이다(이는 다른 형태들과 달리 지속적 이해관계를 갖지 않는다).

이렇게 여러 방법을 통해 하나의 '국민적' 분야에서 다른 '국민적' 분야로 자본 유출이 일어나고, '국민적' 자본들이 더 많이 뒤얽히면서 자본은 '국제화'한다. 자본은 해외 공장이나 광산, 플랜테이션이나 철도, 외국 항로의 선사나 은행에 유입되고 그 유입량은 증가한다. 그리고 본국으로 보낸 잉여가치의 일부가 독립적 운동을 시작할 수도 있게 된다. 자본은 잉여가치의 다른 일부를 축적하고, 투자 분야를 더욱 확대해 국제적 종속 관계의 가장 단단한 네트워크를 만든다. 다음 자료가 이 과정의 수량적 측면을 보여 준다.

피에르 폴 르루아볼리외에 따르면, 1902년에 해외 기업과 외국 채권에 투자된 프랑스 자본의 규모는 340억 프랑이다.[35] 1905년에 이 수치는 이미 400억 프랑이 됐다. 1904년에 파리 증권거래소에 상장된 유가증권 총액은 프랑스 증권이 639억 9000만 프랑, 외국 증권이 661억 8000만 프랑에 달했으며, 1913년에는 프랑스 증권이 641억 400만 프랑, 외국 증권이 707억

〈표 12〉 프랑스(1902년 통계)

해외 투자된 프랑스 자본(10억 프랑)[36]		투자 종류(100만 프랑)[37]	
러시아	9~10	1. 무역	995.25
영국	0.5	2. 부동산	2,183.25
벨기에와 네덜란드	0.5	3. 은행과 보험업	551.00
독일	0.5	4. 철도	4,544.00
터키, 세르비아, 불가리아	0.5	5. 광업과 공업	3,631.00
루마니아와 그리스	3~4	6. 해운, 항만 등	461.00
오스트리아-헝가리	2	7. 국채와 지방채	16,553.50
이탈리아	1~1.5	8. 기타	936.00
스위스	0.5		
스페인과 포르투갈	3.5		
캐나다와 미국	0.5		
이집트와 수에즈	3~4		
아르헨티나, 브라질, 멕시코	2.33~3		
중국과 일본	1		
튀니지와 프랑스 식민지	2~3		
합계	30~35.5	합계	29,855.00

6100만 프랑이 됐다(표 12).[38]

로이드조지에 따르면, 해외 기업과 식민지 기업에 투자된 영국 자본은 1915년 초에 이미 40억 파운드에 달했다(표 13).

독일의 경우, 외국 유가증권의 발행과 독일 증권거래소의 외국 유가증권 시가에서 후자가 감소세를 보이고 있다(1913년 《독일제국 통계연감》에 따르면, 유가증권의 명목 가치는 1910년에 22억 4200만 마르크, 1911년에 12억 800만 마르크, 1912년

〈표 13〉 영국[39]

1911년에 해외 투자된 영국 자본(파운드)		영국에서 발행된 외국 유가증권 (국철 공채, 광산 공채와 여러 회사채)	
		연도	100만 파운드
영국령 식민지와 인도	1,554,152,000	1892	49.9
미국	688,078,000	1893	29.9
쿠바	22,700,000	1894	52.2
필리핀	8,202,000	1895	55.2
멕시코	87,334,000	1896	56.1
아르헨티나	269,808,000	1897	47.4
브라질	94,330,000	1898	59.8
칠레	46,375,000	1899	48.2
우루과이	35,255,000	1900	24.2
페루	31,896,000	1901	32.6
기타 아메리카	22,517,000	1902	57.7
러시아	38,388,000	1903	54.3
터키	18,320,000	1904	65.3
이집트	43,753,000	1905	102.6
스페인	18,808,000	1906	61.0
이탈리아	11,513,000	1907	68.9
포르투갈	8,134,000	1908	121.9
프랑스	7,071,000	1909	121.9
독일	6,061,000	1910	132.7
기타 유럽	36,317,000		
일본	53,705,000		
중국	26,809,000		
기타 외국	61,907,000		
영국 식민지를 제외한 합계	1,637,684,000		
영국 식민지를 포함한 합계	3,191,836,000		

에 8억 3500만 마르크였다). 그러나 이와 같은 자본수출의 외관상의 감소세는, 독일 은행이 외국 증권거래소, 특히 런던·파리·안트베르펜·브뤼셀의 거래소에서 유가증권을 더 많이 매입하고 있다는 사실과 전쟁을 위한 '자본의 금융적 동원'으로 설명할 수 있다. 해외에 투자된 독일 자본 총액은 대략 350억 마르크에 달한다(표 14).

〈표 14〉 독일

나라	100만 마르크	나라	100만 마르크
아르헨티나	92.1	멕시코	1,039.0
벨기에	2.4	네덜란드	81.9
보스니아	85.0	노르웨이	60.3
브라질	77.6	오스트리아	4,021.6
불가리아	114.3	포르투갈	700.7
칠레	75.8	루마니아	948.9
덴마크	595.4	러시아	3,453.9
중국	356.6	세르비아	152.0
핀란드	46.1	스웨덴	355.3
영국	7.6	스위스	437.6
이탈리아	141.9	스페인	11.2
일본	1,290.4	터키	978.1
캐나다	152.9	헝가리	1,506.3
쿠바	147.0	미국	4,945.8
룩셈부르크	32.0		

여기서 주목할 만한 것은 해외 투자액이 27억 5000만 프랑에 달하는 벨기에 자본이다. 이 자본은 각각 다음과 같은 나라들에 배분돼 있다(표 15).

〈표 15〉 벨기에[40]

나라	100만 프랑
네덜란드	70
프랑스	137
브라질	143
이탈리아	166
이집트	219
독일	244
아르헨티나	290
콩고	322
스페인	337
러시아	441
기타	338
합계	2,750

미국은 거액의 자본을 수입하면서도 동시에 그 자신이 중남미(특히 멕시코와 쿠바)와 캐나다에 상당한 자본을 수출하고 있다.

처음으로 미국 자본가의 관심을 끈 것은 쿠바의 국채였다. 미국인은 쿠바에 광대한 농장을 소유하고 있다. 미국 기업은 이웃한 멕시코 공화국의 발전, 특히 철도 건설과 운영에 두드러진 관심을 보였다. 당연하게도 멕시코의 4~5퍼센트 이자가 붙은 공채(총액 1억 5000만 달러에 달한다)가 미국 시장에 유입됐다. 필리핀제도의 4퍼센트 이자가 붙은 공채도 미국 시장으로 흘러들어 왔다. 미국

은 캐나다에 5억 9000만 달러 이상을, 멕시코에 7억 달러 이상을 투자했다.[41]

심지어 이탈리아, 일본, 칠레 같은 나라들도 이런 자본 이동에서 적극적 구실을 한다. 물론, 이런 움직임의 일반적 방향은 이윤율(또는 이자율)의 차이에 의해 결정된다. 한 나라가 발전할수록 이윤율은 저하하고 자본의 '과잉생산'이 더욱 증가하고, 그 결과 자본에 대한 수요가 줄어 자본의 해외 유출 과정이 강화된다. 반대로, 이윤율이 높고 자본의 유기적 구성이 낮을수록 자본에 대한 수요가 늘면서 자본을 끌어당기는 힘이 더 강력해진다.

국제적 상품 거래가 지역적이고 '국민적'인 가격을 국제가격 수준으로 평균화하고 이민이 임금노동자 임금의 국민적 차이를 평균화하는 경향이 있는 것과 마찬가지로, 자본의 이동은 '국민적' 이윤율을 평균화하는 경향이 있다. 이것은 자본주의 생산양식의 일반 법칙 가운데 하나를 세계적 규모로 표현한 것과 다름없다.

여기서 우리는 해외 기업에 대한 '자본참가'와 '자금조달(융자)'로 표현되는 자본수출의 형태를 자세히 다뤄야 한다. 문제는 자본주의적 발전의 집중화 경향이 '국민'경제 분야에서와 마찬가지로 세계경제 분야에서도 조직적 형태를 띠고 있다는 것이다. 즉, 독점기업을 형성해 자유경쟁을 제한하려는 노력이 더욱 뚜렷해지고 있다. 그뿐 아니라, 바로 이 독점적 조직의 형성과정에서 자본참가와 융자가 더없이 중요한 구실을 한다. 만일 '자본참가'를 소유 주식의 양에 따라 관찰한다면, 우리는 완전한 합병이 어떻게 점진적으로 준비되는지를 볼 수 있을 것이다. 여러분이 소량이라도 주식을 보유하고 있으면 주주총회에 출석할 수 있다. [그렇지만] 더 많은 주식을 소유하고 있다면 기업과 더욱 밀접한 관계를 맺을 수 있다(기업의 새로운 생산방법이나 특허를 공유하거나 시장 분할에 대해 논할 수 있다). 그리고 동시에 어떤 종류의 이익공동체가 생겨난다. 50퍼센트 이상의 주식을 소유한다면, '자본참가'는 이제 완전한 기업합병이 된다. 마지막으로, 독립 기업 형태의 지사 설립이 상당히 자주 벌어진다. 이 기업의 주식은 '모회사'가 쥐고 있다.[42] 이 현상은 국제 관계에서 종종 볼 수 있다. '외국'에서 법률상의 장애를 회피하기 위해, 또 이 새로운 '조국'의 토착 기업가들이 누리는 특권을 향유하기 위해 지사를 독립 주식회사로 설립한다.

이렇게 [독일] 만하임의 발트호프 셀룰로오스 공장은 러시아의 페르노프에 자회사를 두고 있다(이제는 과거형이어야 하겠지만 말이다). [독일] 뉘른베르크의 카를슐렝크 주식회사 청동염료 공장이 미국에 자회사를 둔 것처럼, 파르치너파피어파브리크(파르치너제지공장)는 미국에 자회사인 해머밀페이퍼컴퍼니

(해머밀제지사)를 두고 있다. 유럽에서 가장 유명한 전선 기업인 베스트펠리셰드라트인두스트리(베스트팔렌전선기업)는 [라트비아의] 리가에 자회사를 두고 있다. 반대로 외국 기업도 독일과 다른 나라들에 자회사가 있다. 예를 들어, 스위스 켐프탈의 마지 주식회사는 독일 징겐과 베를린 그리고 파리에 자회사가 있다(콤파니마지와 소시에테데부아송이지에니크).[43] 1903년 미국 피츠버그의 웨스팅하우스일렉트릭컴퍼니(웨스팅하우스전기회사)는 영국 맨체스터 근교에 지사를 만들었다. 1902년 미국의 성냥 트러스트 기업인 다이아몬드매치컴퍼니는 자본참가를 늘려 [영국] 리버풀의 한 기업을 합병한 뒤 자회사로 만들었다.[44] 이와 비슷한 형태들을 스위스의 여러 초콜릿 공장과 방적 공장, 영국의 비누 공장과 기계 공장과 연사 공장, 미국의 재봉틀 공장과 기계 공장 등에서 볼 수 있다.

그러나 외국 기업에 대한 자본참가가 이와 같은 형태에만 국한된다고 생각해서는 안 된다. 특히, 어떤(상업, 공업 또는 은행) 기업이 동시에 여러 기업에 '자본참가'하는 것처럼 비교적 소량의 주식을 소유하는 형태부터 거의 대부분의 주식을 소유하는 형태까지 현실에서는 매우 다양한 방식과 수준으로 '참가'가 이뤄진다. '참가'의 메커니즘은 기업이 다른 기업의 증권을 소유하기 위해 주식이나 회사채를 발행하는 것으로 귀결된다. 로베르트 리프만은 이 '증권대위'를 세 가지 형태로 구별하고 해당 '대위 기업'의 목적에 따라 다음과 같이 분류했다. (1) '투자 기업'의 경우, 위험 부담이 크지만 수익도 높은 기업의 배당을 확보하기 위해 '증권대위'가 이뤄진다(보통 '투자 트러스트'라고 불린다). (2) '증권 인수 기업'의 목적은 법률적·물질적 어려움 때문에 직접 공공에게 처분할 수 없는 기업의 증권을 인수하는 것이다. (3) '통제 기업'(미국식으로 말하자면 '지주회사')은 다양한 기업의 증권을 매입해 유통시키지 않는 대신 통제 기업의 증권을 발행함으로써 자신의 자본을 투하하지 않고도 기업에 대한 영향력을 확보한다. 이것의 목적은 오로지 이 영향력, 즉 '통제력'을 확보하는 데 있다. 다시 말해 기업에 대한 실질적 지배가 목적이다.

이 모든 경우의 전제 조건은 대위할 증권이 이미 존재한다는 것이다. 그러나 이런 증권이 처음 발행돼야 할 경우, 지금까지 살펴봤듯이 융자[자금 조달]의 주체는 은행, 공업·상업 기업 그리고 특수 '융자회사'다. 공업 기업이 융자[증권 발행 자금을 조달]하는 한, 그것은 보통 해외 자회사 설립과 관련된다. 왜냐하면 바로 이곳에서 증권 자본이 조성되기 때문이다.

융자를 하는 이 기업들의 활동 범위는 매우 광범할 수 있다. 예를 들어, 기계 기업인 오렌슈타인코펠-아르투어코펠아크티엔게젤샤프트(오렌슈타인코펠-아트투어코펠주식회사)는 10개 '자회사'를 설립했는데, 그중 대표적인 자회사는 러시아, 파리, 마드리드, 빈, 요하네스버그(남아프리카)에 있다. [독일] 하노버의 게

브뤼더쾨르팅은 오스트리아, 헝가리, 프랑스, 러시아, 벨기에, 이탈리아, 아르헨티나에 지사를 두고 있다. 독일의 많은 시멘트 기업이 미국에 '자회사'를 두고 있으며, 독일의 화학공업 기업은 러시아, 프랑스, 영국에 '자회사'를 두고 있다. 노르웨이의 질소 화학 기업은 해외 기업의 융자가 큰 부분을 차지한다. 노르웨이, 프랑스, 캐나다 자본가들은 '노르웨이 수력발전·질소 주식회사'를 만들었고, 이 기업은 독일 자본도 참가한 두 개의 주식회사를 설립했다. 생산의 국제화는 전기공업에서 최고조에 달했다. 지멘스할스케는 노르웨이, 스웨덴, 남아프리카, 이탈리아에 기업을 두고 있으며, 러시아, 영국, 오스트리아에는 지사가 있다. 유명 전기 기업인 알게마이네엘렉트릭치테츠게젤샤프트(줄여서 아에게AEG)는 런던, 페트로그라드, 파리, 제노바, 스톡홀름, 브뤼셀, 빈, 밀라노, 마드리드, 베를린과 미국의 도시들에 '자회사'가 있다. 톰슨휴스턴과 그 후신인 제너럴일렉트릭, [재봉틀 회사인] 싱거매뉴팩처링, 던롭뉴매틱타이어(던롭공기타이어) 등이 비슷한 활동을 하고 있다.[45]

물론 외국 기업에 대한 융자에서 특히 두드러진 구실을 하는 것은 대형 은행들이다. 이런 '국민적' 조직의 국제적 결합이 얼마나 강력해졌는지는 이들의 활동을 살펴보면 충분히 알 수 있다. 벨기에의 은행 소시에테제네랄드벨지크의 1913년 보고는, '국가' 유가증권 총액을 1억 832만 2425프랑으로, 그리고 외국

유가증권 총액을 7789만 9237프랑으로 평가했다. 후자의 자본은 아르헨티나, 오스트리아, 캐나다, 중국, 콩고, 이집트, 스페인, 미국, 프랑스, 모로코, 누벨칼레도니, 러시아 등의 기업과 공채 등에 투자됐다.[46]

독일 은행들의 활동에 관해서는 매우 세밀한 자료가 있다. 여기서는 독일 전체 은행업의 전형인 대형 은행들에 대한 보고를 인용하겠다.

도이체방크: (1) 23개 지점을 두는 도이체위버지셰방크(독일해외은행)를 설립. 지점은 아르헨티나에 7개, 페루에 4개, 볼리비아에 2개, 우루과이에 1개, 스페인에 2개, 리우데자네이루에 1개가 있다. (2) 드레스드너방크(드레스덴은행)와 공동으로 아나톨리셰아이젠반게젤샤프트(아나톨리아철도회사)를 설립. (3) [오스트리아의] 비너방크페어아인(빈은행협회)과 공동으로 동방철도경영회사의 주식을 매입. (4) 미국에서 활동하는 도이체트로이한트게젤샤프트(독일신탁회사) 설립. (5) 상하이의 덕화은행(독일·아시아은행)에 자본 참가. (6) 취리히의 동방철도은행에 자본 참가. (7) 밀라노의 방카코메르찰레이탈리아나(이탈리아상업은행)에 자본 참가. (8) 독일·대서양전신회사, 동유럽전신회사, 독일·네덜란드전신회사, 북독일해저케이블, 독일·남아프리카전신회사에 참가. (9) 산둥베르크바우게젤샤프트(산둥광산회사)와 산둥아이젠반게젤샤프트(산둥철도회사)에 참가. (10) 터

키, 오스트리아, 독일, 프랑스, 스위스, 이탈리아 기업과 공동으로 오스만제국바그다드철도회사에 참가. (11) 오스트아프리카니셰게젤샤프트(동아프리카회사) 설립. (12) 도이치오스트아프리카니셰방크(독일·동아프리카은행)에 참가. (13) 스위스·독일 기업과 공동으로 첸트랄아메리카방크(중앙아메리카은행, 나중에 아크티엔게젤샤프트퓌어위버지셰바우운터네뭉겐[해외건설기업주식회사]으로 알려짐)에 참가. (14) 빈의 귀터보크호르비츠 은행에 참가. (15) 베를린에 있는 아돌프 괴르츠의 기업(요하네스버그에서 광산업을 운영)에 참가.

디스콘토게젤샤프트: (1) 독일남양군도무역·농업기업과 노이기니아콤파니(뉴기니회사)에 참가. (2) 노르트도이체방크(북독일은행)와 공동으로 5개 지점을 거느린 브라질리아니셰방크퓌어도이칠란트(독일·브라질은행)를 설립. (3) 다른 은행들과 공동으로 덕화은행에 참가. (4) 부에노스아이레스의 에르네스토 토른키스트 소유 은행과 그 제휴사인 안트베르펜의 알버르트 데 바리 기업에 참가. (5) 방카코메르찰레이탈리아나에 참가. (6) 노르트도이체방크와 공동으로 8개 지점을 거느린 방크퓌어칠레운트도이칠란트(칠레·독일은행)를 설립. (7) 블라이히뢰더의 기업과 공동으로 부쿠레슈티에 방커제네랄레로므너(루마니아일반은행, 현재 6개 지점 보유)를 설립. (8) 다른 기업들과 공동으로 방크앵테르나시오날드브뤼셀(브뤼셀국제은행)에 참가.

(9) 산둥아이젠반게젤샤프트와 산둥베르크바우게젤샤프트 그리고 여러 전신·해저케이블 회사에 참가. (10) 아프리카에 오타비미넨운트아이젠반게젤샤프트(오타비광산·철도회사)를 설립. (11) 오스트아프리카니셰아이젠반게젤샤프트를 설립. (12) 도이치오스트아프리카니셰방크에 참가. (13) 블라이히뢰더, 불가리아 기업, 노르트도이체방크와 공동으로 소피아[불가리아]에 크레디트나반카(신용은행)를 설립. (14) 함부르크의 뵈어만과 공동으로 도이치아프리카방크(독일·아프리카은행)를 설립. (15) 런던 제너럴마이닝앤드파이낸스코퍼레이션(일반광업·금융기업)에 참가. (16) 다른 기업과 공동으로 카메룬아이젠반게젤샤프트(카메룬철도회사)를 설립. (17) 1900년에 런던 지점 개업. (18) 노르트도이체방크, 크루프와 공동으로 그로센베네추엘라아이젠반(대베네수엘라철도)에 융자. (19) 로스차일드 은행 트러스트의 일원으로서 오스트리아-헝가리, 핀란드, 러시아, 루마니아의 국유철도, 공채, 공업 기업에 참가.[47]

드레스드너방크, 다름슈테터방크(다름슈타트은행), 베를리너한델스게젤샤프트(베를린상업회사), 샤프하우젠셔방크페어아인(샤프하우젠은행협회), 독일국립은행 등 독일의 다른 대형 은행들도 비슷한 방식으로 활동하고 있으며, 이들은 전 세계에 많은 자회사를 두고 있다.[48]

물론, 독일 은행들만 이렇게 해외에서 집중적 활동을 하는 것은 아니다. 통계를 보면 알 수 있듯이, 영국과 프랑스가 이 점에서도 선두를 달리고 있다. 1906년 초 독일인이 소유한 해외은행은 13개(1억 마르크의 자본금과 70개 지점을 보유한)였던 데 반해, 영국은 1910년 말 런던에 지점을 두며 식민지에 3358개 영업소를 둔 식민지은행 36개와 2091개 지점을 거느린 해외은행을 36개 갖고 있었다. 프랑스는 1904~1905년에 이미 104개 지점을 둔 18개의 식민지은행과 해외은행이, 네덜란드는 68개 지점을 둔 16개 해외은행이 있었다. 프랑스의 개별 은행들도 식민지와 해외에서 커다란 경제력을 보인다. 예컨대, 크레디리오네(리옹은행)는 1911년 16개 해외 지점과 5개의 알제리 지점을 갖고 있었다. 콩투아나시오날데스콩트(국립할인은행)는 해외에 12개 지점, 튀니지와 마다가스카르에 11개 지점을 뒀다. 소시에테제네랄과 크레디앵뒤스트리엘(산업은행)은 런던에만 지점이 있으나, 해외에 많은 자회사를 두고 있다.[49]

'참가'와 '참가'보다 발전한 형태인 '융자'는 공업이 갈수록 하나의 조직된 체제로 결합되고 있음을 보여 준다. 트러스트 같은 자본주의적 독점의 가장 집중된 최신 형태는 '참가회사'나 '융자회사'의 한 형태에 불과하다. 그 이유는 첫째로 트러스트가 현대 자본주의의 자산 가운데 사실상 독점적 지위를 점하고 있고, 둘째로 오늘날 자본주의적 자산의 특수한 표현인 유가증권의 운동이라는 관점에서 고찰되고 분류되기 때문이다.

이런 식으로 생산력 증대에 따른 세계경제 발전은 여러 나라들 사이의 생산관계를 긴밀하게 만들고 자본주의의 전반적 관계를 확장하고 심화할 뿐 아니라, 새로운 경제상像, 즉 자본주의적 발전에서 지금까지 볼 수 없었던 새로운 경제형태도 만들어내고 있다.

'국민'경제 테두리 안에서의 공업 발전을 특징적으로 보여 주는 이 조직화 과정의 맹아는 세계경제 관계 속에서 갈수록 분명해지고 있다. 마치 '국민'경제의 생산력 증대가 자본주의의 토대 위에서 일국적 카르텔과 트러스트의 형성으로 이어진 것처럼, 세계 자본주의의 생산력 증대는 일국 자본가 집단들로 하여금 가장 단순한 형태부터 집중화된 국제적 트러스트에까지 이르는 국제적 협정을 시급히 형성하도록 만들고 있다. 다음 장에서 이런 형성 과정을 다룰 것이다.

3장

세계경제의 조직 형태

1. 세계경제의 무질서한 구조
2. 국제적 신디케이트와 국제적 카르텔
3. 국제적 트러스트
4. 국제적 은행신디케이트
5. 사적 자본가의 국제적 조직의 성격
6. 경제생활의 국제화와 자본주의적 이해관계의 국제화

우리 시대 세계경제의 특징은 극도로 무질서한 구조다. 이 점에서 오늘날의 세계경제 구조는 20세기 초까지 전형적이었던 '국민'경제 구조와 비교된다. 즉, 19세기 말에 급격하게 등장한 조직화 과정은 이제까지 제약받지 않던 '경제력의 자유로운 활동'을 크게 제한하면서 본질적 변화를 가져왔다. 세계 자본주의의 이 무질서한 구조는 다음의 두 가지 사실로 가장 잘 표현된다. 즉, 하나는 세계적 산업공황이고 다른 하나는 전쟁이다.

부르주아 경제학자들은 자유경쟁을 폐지하고 자본주의적 독점으로 대체하면 이 세계에서 산업공황이 사라질 것이라고 생각한다는 점에서 커다란 오류를 범하고 있다. 그들은 '사소한 것'을 망각하고 있다. 즉, '국민'경제의 경제적 활동은 오늘날에는 세계경제의 기초 위에서 이뤄지고 있다는 사실을 말이다. 세계경제는 결코 '국민'경제의 단순한 산술적 합이 아니며, 국민경제도 국내 개별 경제의 산술적 합이 결코 아니다. 어느 쪽이든 본질적이고 보완적인 계기는 결합이나 상호작용의 요소이며, 또한 로트베르투스가 '경제적 공동체'라고 부른 특수한 환경 요소다. 이것 없이는 '현실의 총체'도, '체제'도, 사회경제도 결코 존재할 수 없으며, 그저 고립된 경제단위만이 존재할 뿐이다. 그러므로 자유경쟁이 '국민'경제에서 완전히 제거되더라도 공황은 여전히 계속될 것이다. 왜냐하면, 이들 '국민적' 유기체 사이에 무질서하게 형성된 관계는 계속될 것이고 세계경제의 무질서한 구조도 여전히 존재할 것이기 때문이다.[1]

공황에 대한 서술은 전쟁에도 적용된다. 자본주의적 경쟁이 세계경제로 확대되는 한, 자본주의 사회에서 벌어지는 전쟁은 바로 자본주의적 경쟁의 한 방식일 뿐이다. 그러므로 전쟁은 자연 발생적으로 발전하는 세계시장의 맹목적 법칙의 압력 아래 생겨난 사회의 내재적 법칙이다. 생산과 분배의 과정을 의식적으로 규제하는 사회에서는 법칙이 될 수 없다.

그러나 현대 세계경제가 대체로 무질서한 구조를 나타내고 있음에도 조직화 과정은 여기서도 어느 정도 진전됐으며, 이것은 주로 국제적 신디케이트, 카르텔, 트러스트의 성장으로 표현된다. 우리는 먼저 이와 같은 최근의 구성물들을 개괄해야 한다.

운송업에서 가장 큰 카르텔은 다음과 같다(물론 여기서 전쟁에 따른 변화를 언급하지는 않겠다). (1) 범선선주화물환어음위원회(영국, 독일, 노르웨이, 덴마크의 해운 단체). (2) 국제범선해운협정(영국, 독일, 덴마크, 스웨덴, 노르웨이의 범선). (3) 발트해·백해협의회. 이 협의회는 발트해와 백해* 선박 총톤수의 60~70퍼센트를 포함한다(독일, 프랑스, 네덜란드, 영국, 스페인, 벨기에, 덴마크, 노르웨이, 스웨덴, 러시아, 핀란드). (4) 알토나의** 국제연안항로동맹. (5) 북대서양기선항로동맹(독일, 미국, 벨기에, 프랑스, 오스트리아). (6) 인터내셔널머컨타일머린컴퍼니(국제상선기업), '모건 트러스트'라고도 불린다(주로 미국, 영국, 독일). 이 기업은 1911년 말에 등록 총톤수가 115만 8270톤에 이르는 130척의 기선을 보유했다. 다소간 발전한 형태의 이

* 백해 러시아 서북부에 있는 북극해의 만.

** 알토나 독일 함부르크의 옛 독립 도시.

런 카르텔 외에도 운임과 리베이트 등을 규제하는 여러 포괄적 협정들이 있다.

광업과 야금업. (1) 국제지주支柱카르텔(독일, 벨기에, 프랑스의 철강 신디케이트). (2) 국제선로카르텔(독일, 영국, 프랑스, 벨기에, 미국, 스페인, 이탈리아, 오스트리아, 러시아의 선로 제조 공장). (3) 국제철강협정(미국의 철강 트러스트, 베슬레헴스틸, 크루프). (4) 국제납협정(독일, 오스트리아, 벨기에, 미국, 멕시코, 영국의 제연 공장). (5) 독일·오스트리아강철주물협회. (6) 독일·영국페로망가니즈협정. (7) 국제규소강공업연합(노르웨이, 스웨덴, 티롤*, 보스니아, 사부아, 독일). (8) 국제판금신디케이트(독일과 오스트리아). (9) 아연판제조업자연합(영국과 미국이 참여하고 세계시장에 커다란 영향력이 있다). (10) 국제아연협정(독일, 벨기에, 프랑스, 이탈리아, 스페인, 영국, 미국이 참여하고 유럽 생산량의 92퍼센트를 점하고 있다). (11) 국제아연제련소연합(독일, 프랑스, 벨기에, 영국). (12) 국제철사제품카르텔(독일, 벨기에, 프랑스, 영국). (13) 국제구리가공업자협정. (14) 독일·영국나사협정. (15) 국제에나멜카르텔(독일, 오스트리아-헝가리, 프랑스, 스위스, 이탈리아). (16) 국제터빈신디케이트(주로 독일과 스위스). (17) 증기터빈기업연합(독일 아에게AEG, 미국 제

---

* 티롤 이탈리아와 오스트리아 사이의 산악 지역을 일컸던 이름.

너럴일렉트릭과 기타 기업). (18) 자동차트러스트(자동차산업협회와 유럽의 거의 모든 유력 자동차 기업들). (19) 러시아·독일·오스트리아농기계신디케이트. (20) 국제철물업조합연합(독일, 영국, 프랑스, 오스트리아, 헝가리, 스위스, 벨기에). (21) 국제코르셋고리·깃털펜제조업조합(거의 모든 대형 공장).

석재와 점토 가공 산업에는 6개의 대형 국제 카르텔이 있다.

전기공업은, 이미 살펴봤듯이, 생산의 국제화를 가장 분명하게 보여 준다. 이 때문에 이 산업에는 대단히 유명한 국제적 협정들이 있다. 가장 유명한 것은 다음과 같다. (1) 독일 아에게와 미국 제너럴일렉트릭과 [제너럴일렉트릭의 자회사인] 영국·프랑스 톰슨휴스턴의 협정. 이 기업들은 세계 곳곳에 거대한 기업망이 있다. (2) 국제전기도금신디케이트. (3) 백열전구공장판매기업연합(독일, 오스트리아-헝가리, 스웨덴, 네덜란드, 이탈리아, 스위스). 그리고 전기 사업에 융자하기 위한 은행들의 여러 특수 협약 등이 있다.

화학공업의 국제적 카르텔화는 특히 일부 특수 분야에서 상당히 광범하다. 특히 눈에 띄는 것은 다음과 같다. (1) 국제염화석회카르텔(독일, 프랑스, 벨기에, 영국, 미국). (2) 국제아교카르텔(오스트리아-헝가리, 독일, 네덜란드, 벨기에, 스웨덴, 덴마크, 이탈리아의 아교 공장과 런던의 판매 회사). (3) 국제붕사카르텔(독일, 미국, 프랑스, 오스트리아-헝가리, 영국). (4) 국제비단염

색공업연합(독일, 스위스, 프랑스, 이탈리아, 오스트리아, 미국의 염색업자 연합). (5) 국제카바이드[탄화물]신디케이트(유럽의 모든 공장). (6) 국제화약카르텔. (7) 독일·오스트리아과인산석회카르텔. (8) 벨기에·네덜란드올레인생산자카르텔. (9) 국제질소비료판매연합(독일, 노르웨이, 이탈리아, 스위스의 질소비료 공장). (10) 국제등유카르텔(스탠더드오일과 러시아 기업들). (11) 독일·오스트리아·이탈리아석고제조·판매조합. (12) 국제질산칼륨신디케이트. (13) 국제석탄판매신디케이트(독일·오스트리아). (14) 유럽석유연합(독일, 영국, 스위스, 네덜란드, 벨기에, 오스트리아, 덴마크, 미국, 동아시아의 석유 생산자).

섬유산업의 국제적 협정은 주로 특수 분야와 관계있다. (1) 국제면화방적·제조업자연합(유럽 대륙과 미국의 산업 대표자). (2) 독일·오스트리아넥타이천카르텔. (3) 국제벨벳산업신디케이트(독일과 프랑스의 모든 벨벳 공장). (4) 인견판매대리점(독일과 벨기에의 인견 공장). (5) 국제면직물기업(미국과 기타 아메리카). (6) 독일·스위스실크머플러제조업자협정. (7) 독일·스위스 머플러·넥타이제조업자조합. (8) 오스트리아·독일황마카르텔. (9) 국제소모梳毛업자조합(독일, 룩셈부르크, 벨기에, 네덜란드, 오스트리아-헝가리, 스웨덴, 노르웨이, 덴마크, 발칸반도 나라들). (10) 국제실크재봉실협정(오스트리아, 벨기에, 러시아, 스페인, 영국 기업). (11) 국제아마·마사방적업자연합(유럽의 거의 모든 대형 아마 방적 기업). (12) 국제견사방적업자카르텔.

유리·도자기 산업에서는 가장 유명한 연합체로 유럽공병空瓶제조업자조합(거의 모든 나라를 포함하는 공병 신디케이트)을 들 수 있다. 그 밖에도 다수의 유리·도자기 카르텔이 있다.

제지업에는 7개의 대형 국제 카르텔이 있다.

그 밖에도 6개 산업부문(고무, 가구, 코르크, 코코아 등)에 10개의 협정이 있다.[2]

지금까지 언급한 카르텔 외에도 수백 개의 국제적 트러스트(합병 기업과 통제 기업)가 더 있다. 여기서는 세계시장에 가장 큰 영향을 미치는 유명한 사례만 들겠다.

예컨대, 스탠더드오일컴퍼니오브뉴저지가 그런 트러스트 가운데 하나다. 1910년에 이 기업은 62개 기업(여기에는 앵글로아메리칸오일컴퍼니[영국·미국석유회사], 도이치아메리카니셰페트롤레움게젤샤프트[독일·미국석유회사], 로므너아메리카너[루마니아·미국석유회사]가 포함된다)의 주식을 소유하고, 수많은 기업(네덜란드, 독일, 프랑스, 스웨덴, 이탈리아, 러시아, 스위스 등의 기업)과 연결돼 있었다.[3] 이 트러스트는 다음의 것들을 '통제'하고 있다. 구리 생산에서 세계적 독점 지위를 차지하려는 어맬거메이티드코퍼컴퍼니(통합구리회사), 세계 최대의 '통제 기업'인 US스틸(미국철강), 외국 기업에 무려 총액 603만 9344마르크를 들여 참여하고 있는 [독일] 바르멘의 라이제뮐렌운트한델스아크티엔게젤샤프트(제분·거래주식회사),[4] 인터나치오날레보어게젤샤프트(국제시추기업), 노벨트러스트컴퍼니, 석유산업의 몇몇 국제 트러스트, 보스턴프루트컴퍼니(보스턴과일회사)와 트로피컬트레이딩앤드트랜스포트컴퍼니(열대무역·운송회사)가 설립한 바나나 트러스트, 식용육 트러스트, 영국의 J&P코츠 회사가 주축인 재봉실 트러스트, 소시에테상트랄드라디나미트(중앙다이너마이트회사), 벨기에 리에주의 콩파니제네랄드콩두이도(수도일반회사, 이 회사는 위트레흐트, 바르셀로나, 파리, 나폴리, 샤를루아, 빈의 기업을 '통제'하고 있다), 트뢰스트메탈뤼르지크벨루프랑세(벨기에·프랑스야금산업트러스트) 등이다.[5]

이 모든 카르텔과 트러스트의 배후에 있으며 보통 이들에게 융자하는 기업이 바로 은행이다. 국제화 과정의 원시적 형태는 국제적 상품 교환이며, 국제화 과정이 가장 높은 수준에서 조직화된 단계가 바로 국제적 트러스트다. 이런 국제화 과정은 은행자본의 뚜렷한 국제화를 낳는다. 국제화 속에서 은행자본은 (산업기업에 대한 융자를 통해) 산업자본으로 전화하고, 이리하여 **금융자본**이라는 특수한 범주를 형성한다.

금융자본이야말로 모든 곳에 스며들어 있는 자본 형태다. 마치 자연이 진공상태를 싫어하듯이 금융자본은 그저 만족할 만큼 이윤이 흘러들기만 한다면 '열대지방'이든 '아열대지방'이든 '극지방'이든 달려가 모든 '빈' 공간을 채우려 한다. '국민적' 거대 은행들의 우호적 '상호 원조'를 설명하기 위해, 유력한 국제적 은행신디케이트의 형성 사례를 살펴보자.

1911년 미국 기업에 융자하기 위한 목적으로 금융 트러스트인 소시에테피낭시에데발뢰르아메리켄(미국금융증권협회)이 브뤼셀에 설립됐다. 여기에는 다음과 같은 은행들이 참가했다. 도이체방크, 함부르크의 바르부르크 기업, 브뤼셀의 소시에테제네랄, 방크드브뤼셀(브뤼셀은행), 방크드파리에드페이바(파리·네덜란드은행), 파리의 소시에테제네랄푸르파보리제랭뒤스트리나시오날, 소시에테프랑세드방크에드데포, 방크프랑세푸르르크메르스에랭뒤스트리(프랑스통상산업은행), 뉴욕의 쿤러브컴퍼니 등인데, 모두 세계 최대 은행들이다.[6] 이 금융 트러스트의 일부인 도이체방크는 슈바이처리셰크레디트안슈탈트(스위스은행)와 슈파이어엘리센과 공동으로 아크티엔게젤샤프트퓌어위버지셰바우운터네뭉겐(해외건설기업주식회사)을 설립했다. 또 여러 나라에 석유 판매소를 설립하고, 러시아의 브라티에프노벨과 협정을 맺고, 유럽석유연합에 참가하고 있다.[7] 최근에는 콘스탄티노플의* 기업에 융자하기 위해 브뤼셀에 은행 컨소시엄(콩소르시엄콩스탕티노플)이 설립됐다. 여기에 참가하고 있는 은행은 도이체방크, 도이체오리엔트방크(독일동방은행, 도이체방크와 연

---

* 콘스탄티노플 오늘날의 이스탄불.

결돼 있다), 드레스드너방크, 샤프하우젠셔방크페어아인, 나치오날방크, 파리의 소시에테제네랄, 방크드파리(파리은행), 콩투아나시오날, 슈바이처리셰크레디트안슈탈트, 방크퓌어엘렉트리셰운터네뭉겐(전기기업은행)이다.[8] 방크드파리에드페이바, 비너방크페어아인, 슈바이처리셰크레디트안슈탈트, 소시에테제네랄데슈맹드페르에코노미크, 도이체방크, 드레스드너방크 등 국제적 은행신디케이트의 원조를 통해, 벨기에에 특수한 철도 은행 방크벨주데슈맹드페르가 설립됐다. 사례를 하나 더 들어 보자. 러시아 신디케이트인 '프로다메타'에 '참여'하는 것은 다음 4개 그룹의 '국민적' 은행이다. 즉, 러시아 그룹(아좁스코돈스코이방크[아조프상업은행], 상트페테르부르크메즈두나로드니캄메르체스키방크[상트페테르부르크국제상업은행], 루스키들랴브네시네이토르고블리방크[러시아해외무역은행], 루스코아지아츠키방크[러시아·아시아은행], 캄메르체스키방크브바르샤베[바르샤바상업은행]), 프랑스 그룹(크레디리오네, 방크드파리에드페이바, 소시에테제네랄), 독일 그룹(도이체방크, 방크퓌어한델운트인두스트리[무역산업은행], 드레스드너방크), 벨기에 그룹(크레디제네랄아리에주, 소시에테제네랄드벨지크, 나겔메르커스피스아리에주)이다.[9]

이 사례들은 결코 예외적인 것이 아니다. 경제생활 전반을 이런 조직체들이 차지하고 있다. 식민지 기업과 다른 대륙으로의 자본수출, 철도 건설과 국채, 시가전차電車와 무기 공장, 금광과 고무 농장이 모두 국제적 은행신디케이트의 활동과 매우 밀접하게 연결돼 있다. 경제의 국제적 관계가 수많은 실 가닥을 만들어 내고, 수천의 매듭을 잇고, 여러 겹으로 뒤얽혀, 마지막에는 세계 최대 은행의 협정으로 통합되고 그 촉수는 지구 전체로 뻗어 나간다. 국제적 금융자본 체제와 국제적으로 조직된 은행의 지배는 부정할 수 없는 경제적 현실이다.

그러나 다른 한편으로 국제적 조직의 중요성을 과대평가해선 안 된다. 세계 자본주의 경제생활 전체와 비교하면 이 조직들의 비중은 결코 겉으로 보이는 것만큼 크지 않다. 이 조직들의 대부분(즉, 신디케이트와 카르텔)은 단지 시장 분할에 관한 협정(판로 카르텔Rayonierungskartelle)에 불과하다. 또, (예컨대, 가장 유력한 신디케이트 가운데 하나인 공병 신디케이트처럼) 사회적 생산의 여러 주요 부문 중에서 특정한 생산 부문만을 포함할 뿐이다. 대부분의 국제적 조직들은 매우 불안정하다. 자연독점에 기반한 국제적 협정만이 영속적 성격을 갖는다. 그럼에도 이런 국제적 조직은 끊임없이 증가하는 경향을 보이기 때문에 오늘날 세계경제 발전을 분석할 때 이를 무시해서는 안 된다.[10]

지금까지 상품 교환에서 시작해 국제적 은행신디케이트의 활동에 이르기까지 세계경제의 가장 중요한 발전 경향을 검토했다. 이 다양한 형태의 과정은 모두 **경제생활의 국제화 과정**이고, 지리적으로 매우 먼 나라들의 경제적 발전을 밀접하게 만드는 과정이고, 자본주의적 관계들을 균질화하는 과정이고, 세계 자본가계급에게 집적된 재산과 세계 프롤레타리아 사이의 대립이 격화하는 과정이다. 그러나 그로부터 사회 발전이 '국민'국가들의 조화로운 공존 단계에 들어섰다는 결론이 나오지는 않는다. 왜냐하면 경제생활이 국제화된다고 해서 자본주의적 이해관계가 국제화되는 것은 결코 아니기 때문이다. 헝가리의 한 경제학자는 영국의 평화주의자 노먼 에인절의 저서에 대해 다음과 같이 올바르게 지적 한다.

> 그[즉, 노먼 에인절 — 부하린]는 단 한 가지 사실을 잊고 있다. 그것은 독일처럼 영국에도 계급이 존재한다는 사실이다. 또 국민 전체에게는 불필요하고 무익하고 해롭기까지 한 것이 특정 집단들(거대 금융업자, 카르텔, 관료 등)에게는 큰 이득이 될 수 있다는 사실이다.[11]

당연하게도, 이 명제는 모든 나라로 확장될 수 있다. 왜냐하면 한 나라의 계급적 구조는 적어도 온전한 과학적 관점에서 보면 의문의 여지가 없기 때문이다. 그러므로 자본주의적 발전의 모순을 보려 하지 않는 사람만이, 경제생활의 국제화를 '실질적인 국제적 조직'이라고 순순히 받아들이는 사람만이, 즉 무질서한 국제화를 조직된 국제화로 받아들이는 사람만이 평화로운 자본주의의 '더욱 고도화된 통합' 속에서 '국민적' 자본가 집단의 화해 가능성을 소망할 수 있다. 그러나 현실은 기회주의적 낙관주의자들이 생각하는 것보다 훨씬 더 복잡하다. 경제생활의 국제화 과정은 다양한 '국민적' 부르주아지 집단들 사이의 이해관계 대립을 극도로 날카롭게 만들 수 있고, 또 그렇게 만들고 있다. 사실, 국제적 상품 교환의 증가가 언제나 서로 교환하는 집단들의 '연대' 강화로 이어지는 것은 아니다. 반대로, 필사적 경쟁과 생사를 다투는 투쟁을 낳을 수도 있다. 이는 자본수출에도 적용된다. 자본수출 과정에서 언제나 '공통의 이해관계'가 생겨나는 것은 아니다. 여기서도 투자 영역을 둘러싼 자본의 경쟁이 극도로 치열해질 수 있다. 우리가 이해관계의 연대가 생겨난다고 확신할 수 있는 경우는 단 하나다. 그것은 참여와 융자가 발전하는 경우, 즉 유가증권을 공동으로 소유함으로써 여러 나라의 자본가계급이 동일한 대상을 집단적으로 소유하게 되는 경우다. 이렇게 되면 진정한 '황금 인터내셔널'이 형성된다.[12] 여기서는 단지 유사한 이해관계나 오늘날 자주 언급되는 이해관계의 '평행'이 아닌 일치된 이해관계가 성립한다. 그러나 동시에 이 과정이 진행되면, 경제적 발전은 자동적으로 자본주의적 이해관계의 국가화라는 상반된 경향을 낳게 된다. 이리하여 인류 사회는 세계 자본의 압제 아래 이루 말할 수 없는 고통과 희생과 수모 속에서 이 모순에 머리를 조아리게 된다.

발전 전망은 자본주의의 근본적 경향에 대한 분석에 기초할 때에야 비로소 판단할 수 있다. 그리고 자본주의적 이해관계의 국제화가 경제생활의 국제화의 한 측면만을 표현하는 것이라면, 당연히 또 다른 측면을 고찰해야 한다. 그것은 자본주의적 이해관계의 국가화 과정이다. 이 과정은 세계경제의 틀 안에서 자본주의적 경쟁의 무질서를 가장 뚜렷하게 표현하며, 매우 커다란 변화와 파멸과 인간 에너지의 낭비를 낳고, 새로운 형태의 사회생활 창출이라는 문제를 엄중하게 제기한다.

그리하여 우리는 자본의 국가화 과정 분석이라는 과제에 직면한다.

2부
세계경제와 자본의 국가화 과정

4장

'국민경제'의 내부 구조와 관세정책

1. 세계경제 관계의 교차점으로서 '국민경제'
2. 독점 조직의 성장: 카르텔과 트러스트
3. 수직적 집적: 결합기업
4. 은행의 구실과 자본의 금융자본으로의 전화
5. 은행과 수직적 집적
6. 국영기업과 지방자치단체 기업
7. 전체로서의 체계
8. 금융자본의 관세정책과 자본주의적 확장

지금까지 살펴봤듯이, 세계경제는 다종다양한 경제 관계의 복잡한 그물망을 나타내고, 그 토대는 세계적 규모의 생산관계다. '국민'경제, 즉 국가 단위의 경제적 관계를 세계경제의 틀 안에서 연구하면, 수많은 개별 경제들을 서로 연결하는 경제적 연관이 더욱더 밀접해진다. 이런 사실이 스스로 국민경제적 존재의 특별한 형태를 창조할 수 있다는 '국가적 원리'의 이른바 창조적 구실을 보여 주는 것은 결코 아니다. 또 '사회'와 '국가' 사이의 예정된 조화를 보여 주는 것도 아니다. 이 문제는 훨씬 간단하게 설명된다. 현대적 국가가 분명한 정치적 형태로 형성된 과정 자체가 경제적 요구와 필요에서 비롯한 것이다. 국가는 경제적 기초 위에서 성장했다. 국가는 경제적 연관의 표현에 불과했다. 국가적 결합은 그저 경제적 결합의 표현에 불과했다. 모든 생물의 형태가 그러듯이, '국민경제'도 내적 형태 변화의 과정을 끊임없이 겪었고 지금도 겪고 있다. 이런 분자 운동이 생산력 증대와 동시에 일어나 '국민'경제 유기체의 상호 관계를 끊임없이 변화시켰다. 다시 말해, 점차 확대되고 있는 세계경제의 개별 부분 사이의 관계에 영향을 미쳤다. 우리 시대는 매우 특별한 관계를 만들어 내고 있다. 자본주의의 등장과 함께 시작된 낡은 보수적 경제 형태의 급격한 파괴는 도처에서 완전한 승리를 거뒀다. 그러나 그와 동시에 '국민경제' 내부의 약한 경쟁 상대에 대한 '조직적' 몰아내기(수공업의 몰락, 모든 중간 형태의 소멸, 대규모 생산의 성장 등)는 세계시장에서 거대한 적들이 치열하게 경쟁하는 '위태로운' 시대로 탈바꿈하고 있다. 이런 현상은 무엇보다 '국민적 자본주의' 구조에서 생겨나 그것들의 상호

관계에 혁명을 일으킨 내적 변화에서 원인을 찾아야 한다.

이런 변화는 우선 자본주의적 독점 조직, 즉 카르텔, 신디케이트, 트러스트, 은행 콘체른의 형성과 매우 급격한 확산 속에 나타나고 있다.[1] 이 과정이 국제적 영역에서 얼마나 강력한지는 이미 살펴봤다. 그러나 '국민경제' 분야에서 이 과정은 비교할 수 없을 정도로 뚜렷이 나타난다. 뒤에서 살펴보겠지만, 산업의 '국민적' 카르텔화는 자본의 국민적 결합에서 가장 유력한 요소 가운데 하나다.

자본주의적 독점의 형성 과정은 자본의 집적과 집중 과정의 논리적·역사적 귀결이다. 봉건적 독점의 폐허 위에서 성립된 장인匠人의 자유경쟁이 자본가계급의 수중에 생산수단을 독점시키는 결과를 낳았듯이, 자본가계급 내부의 자유경쟁은 '국민적' 시장 전체를 독점하려는 강력한 경제적 구성물이 형성됨에 따라 갈수록 제한받고 있다. 이런 구성물을 예컨대 관세, 철도 운임률, 할증금, 보조금, 국가 수주 등과 같은 국가권력의 보호가 만들어 낸 '비정상적'이거나 '인위적'인 현상으로 파악해서는 안 된다. 이 모든 '원인'이 독점을 촉진하는 데 기여했지만 결코 필요조건은 아니었으며 지금도 아니다. 반대로, 일정 수준의 생산의 집적은 필수 불가결한 조건이다. 그러므로 일반적으로 보면 한 국가의 생산력이 발전할수록 독점 조직이 더욱 강화된다. 이 점에서 주식회사 형태가 특별한 구실을 했다. 이 형태는 생산에 대한 자본 투자를 놀라울 정도로 쉽게 만들고, 전례 없는 규모의 기업을 만들어 냈다. 카르텔화 운동의 선두에 선 두 국가, 즉 미국과 독일이 미친 듯이 빠른 속도로 세계시장에서 선두를 차지한 것은 아주 당연한 일이다.

미국은 그야말로 오늘날 경제 발전의 전형적 사례를 보여 준다. 여기서는 독점 조직의 가장 집중된 형태인 '트러스트'가 강력히 뿌리내리고 있다. 다음 표는 트러스트 중에서도 특히 대규모 트러스트의 거대한 경제력과 그 성장 과정에 대한 명백한 상을 제시한다(표 16).

〈표 16〉[2]

트러스트 분류	1904년		1908년	
	기업 수	주식과 회사채 가격(달러)	기업 수	주식과 회사채 가격(달러)
상위 7대 산업 트러스트	1,524	2,662,752,100	1,638	2,708,438,754
소규모 산업 트러스트	3,426	4,055,039,433	5,038	8,243,175,000
재편 과정의 트러스트	282	528,551,000	–	–
산업 트러스트 소계	5,288	7,246,342,533	6,676	10,251,613,754
권리를 허가받은 기업	1,336	3,735,465,071	2,599	7,789,393,600
최대 철도 기업 그룹	1,040	9,397,363,907	745	12,931,154,010
합계	8,664	20,879,162,511	10,020	31,672,161,754

이 표는 무디스의 자료에 따라 1904년부터 1908년까지 트러스트의 성장을 나타낸 것이다.

푸어스의 1910년도 《기업편람》과 《철도편람》에 따르면 1908년 총액은 333억 달러에 달한다.[3] 1900년에 이미 트러스트가 '국민'생산에서 차지하는 비중은 매우 높았다. 그 규모는 다음과 같다. 전체 섬유산업 생산의 50퍼센트, 유리 산업의 54퍼센트, 종이와 인쇄 공업의 60퍼센트, 식료품 산업의 62퍼센트, 주류 생산의 72퍼센트, 금속 산업(철과 강철 제외)의 77퍼센트, 화학공업의 81퍼센트, 철과 강철 산업의 84퍼센트에 달한다.[4] 이 비율은 이후 상당히 증가했는데, 미국 자본의 집적과 집중 과정은 쏜살같은 속도로 진행되고 있다.

> 대규모 생산·상업 부문 금융 조직의 최근 발전을 연구하는 소수만이 거대한 집적과 특수한 대규모 결합기업들(종종 개별 국민경제를 넘어서는 생산력을 포괄한다)에 대한 그것의 지배를 파악할 수 있다[5]

이 책의 범위에서는 다양한 산업의 가장 중요한 트러스트들을 열거하기조차 불가능하다. 다만 지적해 두고 싶은 것은, 이런 운동의 선두에 서 있는 것이 석유 트러스트(스탠더드 오일)와 철강 트러스트(US스틸)라는 두 거대 트러스트이며, 이들은 록펠러와 모건이라는 두 금융 그룹을 대표한다는 것이다.

독일 대자본의 운동도 같은 방식으로 진행되고 있다. 1905년 공식 통계에 따르면, 매우 다양한 생산 부문에 385개의 카르텔이 있었다.[6] 독일 카르텔 운동의 지도자이자 저명한 이론가인 치어슈키는 독일에 500~600개의 카르텔이 있다고 추산한다.[7] 그 가운데 가장 큰 것이 라이니셰베스트펠리셰스콜렌진디카트(라인-베스트팔렌석탄신디케이트)와 슈탈베르크스페어반트(철강신디케이트)다. 라팔로비치에 따르면, 1909년에 석탄 신디케이트는 도르트문트 광구에서 석탄 8500만 톤을 생산한 데 반해 [신디케이트 속하지 않은] '외부자'는 420만 톤(즉, 4.9퍼센트)을 생산했을 뿐이다.[8] 1913년 1월에 신디케이트가 생산한 석탄은 루르 지역 전체 생산량의 92.6퍼센트, 제국 총생산량의 54퍼센트에 달했다. 철강 신디케이트는 전국 총생산량의 43~44퍼센트를 생산했다. 47개 기업을 포괄하는 설탕 정제 신디케이트는 전체 생산량에서 매우 높은 비중을 보인다(국내시장의 70퍼센트, 해외시장의 80퍼센트).[9] 전기 트러스트(지멘스슈케르트와 아에게 두 트러스트의 '이익공동체')는 전체 전기 생산의 40퍼센트를 담당하고 있다.

다른 나라들의 독점 조직은 그다지 돋보이지 않지만, 미국이나 독일과 비교하지 않은 절대적 수치로 보자면 어디서든 신디케이트화 과정이 매우 두드러진다.

프랑스는 야금, 설탕, 유리, 종이, 석유, 화학, 섬유, 석탄 등의 산업에 많은 신디케이트가 존재한다. 가장 중요한 것은 르콩투아르드롱웨이이며 프랑스에서 생산하는 주철을 대부분 판매한다. 설탕 신디케이트는 시장을 거의 완전히 지배하고 있다. 소시에테제네랄데글라스드생고뱅은 거의 절대적 독점 위치에 있다. 많은 농업 신디케이트에 대해서도 언급해야 하는데, 이들은 농업협동조합과 매우 밀접한 관계를 맺는다.[10] 운송업에도 규모 있는 조직들이 있는데, 프랑스 전체 상선의 41.25퍼센트를 3대 증기선 기업(콩파니제네랄트랑자틀랑티크[대서양해운회사], 콩파니데메사주리마리팀[해운택배회사], 콩파니데샤르죄르레위니[화주연합해운회사])이 포괄하고 있다.[11]

영국은 산업의 거대한 집적에도 불구하고 여러 이유로 비교적 오랫동안 독점 운동의 발전이 약했지만, 최근 들어 산업의 트러스트화(기업합병, 기업연합, 투자 트러스트)가 커다란 진전을 보였다. 영국 노동운동의 특수성이 이미 과거지사인 것처럼, 영국의 자유경쟁 또한 과거의 것이 됐다(자유무역의 또 다른 명칭에 불과한 자유경쟁이 대외 경제정책의 영역에서 점차 배후로 밀려난 것에 대해서는 뒤에 다룰 것이다). 오로지 무지한 자들만이 지금의 영국을 완전히 독자적인 경제적 유형의 대표자로 보려 한다. 몇몇 트러스트를 사례로 들어 보자. 시멘트 트러스트인 어소시에이션오브포틀랜드시멘트매뉴팩처는 '국민'생산의

89퍼센트를 포괄한다. 철강 트러스트, 알코올 트러스트, 제지공장 트러스트(벽지와 기타 실내장식 자재의 89퍼센트를 생산), 전선 제조업 트러스트(케이블메이커스어소시에이션, 전체 생산의 90퍼센트), 제염 트러스트(솔트유니언, 약 90퍼센트), 파인코튼스피너스앤드더블러스트러스트(방적·합사기 트러스트, 영국 생산의 대부분을 사실상 지배한다), 염색·표백 트러스트(블리처스어소시에이션과 다이어스어소시에이션, 약 90퍼센트), 임페리얼토바코(전체 생산의 약 50퍼센트) 등.[12]

오스트리아에서 최대 카르텔에 포함되는 것은 다음과 같다. 보헤미아의 석탄 신디케이트(오스트리아 총생산의 90퍼센트), 총생산액 4억 크로네의 벽돌 신디케이트(외부자는 4000만 크로네에 불과하다), 제철 신디케이트, 석유 신디케이트(전국 산출량의 40퍼센트가 갈리치아에서 생산), 설탕·유리·제지·섬유 산업 등의 신디케이트.

그러나 골드시테인에 따르면, 러시아와 같은 빈약한 자본의 후진국에서도 높은 수준의 신디케이트와 트러스트가 100개가 넘고, 이보다 덜 발전한 형태의 지역적 협정도 많다. 가장 큰 것은 다음과 같다.[13] 탄광업에는 프로두골(도네츠크 탄전 생산의 60퍼센트)이 있다. 제철업에는 19개 신디케이트가 있으며, 그 가운데 가장 유명한 것은 프로다메타([철기구 생산의] 88~93퍼센트), 크로블랴(철판 생산의 60퍼센트), 프로드바곤(현재 철도

차량 공장 16개 가운데 14개를 포함)이다. 석유산업에서는 전체 생산이 서로 결합된 4개 회사의 수중에 있다. 그 밖에도 구리 신디케이트(90퍼센트), 설탕 신디케이트(100퍼센트), 섬유산업의 협정, 담배 트러스트(57~58퍼센트), 성냥 신디케이트 등이 있다.

벨기에에서 신디케이트는 고도로 발전했다. 그러나 예를 들어 일본 같은 신생 국가도 마찬가지로 자본주의적 독점 형성의 길을 가고 있다. 이처럼 자본주의의 낡은 생산 형태는 [자본주의적 독점의 형성과 함께] 근본적 변화를 겪고 있다. F 로르의 계산에 따르면, 전 세계 모든 나라에서 산업 기업에 투자한 자본 총액 5000억 프랑 가운데 2250억 프랑, 즉 대략 절반이 카르텔이나 트러스트로 조직된 생산에 투자됐다.(이 자본은 다음과 같이 개별 국가에 배분돼 있다. 미국 1000억 프랑, 독일 500억 프랑, 프랑스 300억 프랑, 오스트리아-헝가리 250억 프랑. 이 수치는 실제보다 적게 평가됐다.)[14] 이것은 모든 나라에서 오래된 상호 관계가 완전히 달라지는 것을 나타낼 뿐 아니라 그 나라들의 상호 관계가 근본적으로 변화할 수밖에 없다는 것을 가리킨다.

그런데 이 과정이 개별 생산 부문 내부의 조직화 과정으로만 제한되는 것은 아니다. 다양한 생산 부문을 하나의 체계로 결합해 하나의 통합적 조직으로 탈바꿈시키려는 끊임없는 과정이 나타나고 있다. 그것은 무엇보다 결합기업, 즉 원료 생산과 완제품 생산, 완제품 생산과 반제품 생산 등을 통합하는 기업의 형성으로 이뤄진다. 이 과정은 매우 상이한 생산 부문들을 흡수할 수 있다. 이 생산 부문들은 현대적 분업 아래 어느 정도 직간접적으로 서로 의존하고 있기 때문이다. 예컨대, 만일 어떤 트러스트가 주요 생산물 외에 부산물도 생산한다면, 그 부산물의 생산 분야도 독점하려는 경향이 생긴다. 그러면 이번에는 이 부산물을 대체하는 생산물의 생산을 독점화하려는 동기가 생겨나고, 그다음에는 이 부산물을 만드는 데 필요한 원료의 생산이 독점화의 대상이 된다 등등. 이런 식으로 제철업과 시멘트 산업, 석유산업과 포도당 산업처럼 언뜻 보기에 이해할 수 없는 기업결합이 성립한다.[15] 이런 수직적 집적·집중은 개별 생산 부문 내부에서 나타나는 수평적 집적·집중과 구별되며 한편으로는 사회적 분업의 감소를 의미한다(왜냐하면 지금까지 개별 기업들 사이에 배분되던 노동을 하나의 기업으로 결합하기 때문이다). 그러나 다른 한편에서 그것은 새로운 생산 단위 안에서 분업을 자극한다. 사회적 규모에서 전체 과정을 보면, '국민'경제가 (모든 생산 부문이 서로 유기적으로 결합된) 단일한 결합기업으로 바뀌는 경향을 보이게 된다.

동일한 과정은 다른 방법으로도 더욱 급속히 진행된다. 즉, 은행자본의 산업으로의 침투와 자본의 금융자본으로의 전환을 통해서다.

우리는 이미 산업 기업에 대한 참여와 융자가 얼마나 커다란 의미가 있는지를 앞선 장에서 살펴봤다. 그러나 [특히] 융자는 바로 현대 은행의 기능 가운데 하나다.

> 산업자본의 점차 증대하는 부분은 그것을 이용하는 산업자본가에게 속하지 않게 된다. 산업자본가들은 오로지 자본 소유자를 대표하는 은행을 통해서만 자본에 대한 사용권을 얻게 된다. 다른 한편, 은행도 그 자본의 점차 증대하는 부분을 산업에 고정[할당]해야 한다. 이 때문에 은행이 점점 더 산업자본가가 된다. **이런 방식으로 실제 산업자본으로 전화된 은행자본, 따라서 화폐 형태를 띠는 자본을 나는 금융자본이라고 부른다.**[16]

이렇게 은행자본은 주식이나 채권 소유 같은 신용의 다양한 형태와 직접적 창업 활동을 통한 산업 조직자 구실을 하는 것으로 등장한다. 국가 전체의 이런 생산의 조직화는, 한편으로는 산업의 집적이 강화될수록, 다른 한편으로는 은행의 집적이 강화될수록 더욱 강력해진다. 이미 은행의 집적은 거대해졌다. 다음과 같은 사례가 이를 충분히 보여 준다. 도이체방크, 디스콘토게젤샤프트, 다름슈테터방크, 드레스드너방크, 베를리너한델스게젤샤프트, 샤프하우젠셔방크페어아인의 여섯 은행이 사실상 독일 은행업을 독점하고 있다. 이 은행들의 자본은 1910년에 이미 11억 2260만 마르크에 달했다.[17] 이 은행들의 급속한 세력 신장을 보여 주는 것은 독일 내 지점 수 증가다(여기에는 본점과 지점, 예금은행, 환전소와 독일 주식은행에 대한 항시적 '참여'가 포함된다). 이 수치는 다음과 같이 변동했다. 1895년 42곳, 1896년 48곳, 1900년 80곳, 1902년 127곳, 1905년 194곳, 1911년 450곳으로,[18] 16년 동안 거의 11배로 증가했다.

미국은 이런 종류의 은행이 내셔널시티뱅크(록펠러 그룹)와 내셔널뱅크오브커머스(모건 그룹)뿐이다. 이 두 은행에 의존하는 기업은 무수히 많으며, 그 가운데는 산업 기업도 있고 다른 은행도 있다. 이들은 다양한 방식으로 서로에게 얽혀있다. "록펠러 그룹과 모건 그룹의 은행업 규모에 대한 대략적 상을 얻으려면 다음을 살펴보면 된다. 록펠러 그룹은 1908년에 국립·주립 은행과 그 밖의 은행 3350곳을 주요 거래처로 두고 준비금을 마련하고 있었으며, 모건 그룹은 2757개 은행과 거래하고 있었다." 이 두 그룹이 없으면 새로운 트러스트는 단 하나도 설립되지 않는다. 그들은 "독점을 만드는 독점"이다.[19]

다양한 생산 부문과 은행 사이의 이런 독특한 경제적 결합에 조응해 양쪽의 최고 경영진도 특별한 형태를 이루고 있다. 사실상 산업자본가 대표가 은행을 관리하고 그 반대 경우도 많다. 야이델스는 앞서 언급한 독일의 여섯 은행이 1903년에 산업 주식회사 임원직 가운데 751석을 지배한 사실을 밝혔다.[20] 반대로, 51명의 산업 대표자가 이들 은행의 임원직으로 있었다(1910년

12월 수치).[21]

미국은 다음과 같은 사실이 특징적이다. 1908년 은행 제도 개선에 관한 법안(라폴레트 위원회)의 심의 과정에서 상원에 제출된 표를 보면, [불과] 89명이 산업, 운송 등 여러 기업의 이사직 가운데 2000석 이상을 차지했다는 것과 이들 기업의 대부분을 모건 그룹과 록펠러 그룹이 직간접적으로 통제하고 있었다는 것을 알 수 있다.[22]

여기서 우리는 '국민경제'의 전체 체계에 속한 국영기업과 지자체 기업이 수행하는 중요한 구실에 대해 언급해야 한다. 우선 광업의 일부가 국영기업에 속한다.(예컨대, 독일은 1909년에 석탄 1억 4900만 톤을 생산하는 309개 탄광 가운데 2050만 톤을 생산하는 27개 탄광이 국가 수중에 있었다. 국영 탄광의 생산 총액은 2억 3500만 마르크에 달했다. 소금 광산 등도 국영기업에 속한다. 1910년 이들 국영기업의 총수입은 3억 4900만 마르크, 순수입은 2500만 마르크에 달했다.)[23] 그리고 [국영] 철도 산업이 있다(철도 산업의 유일한 사적 경제조직은 오직 영국에만 있었는데, 이조차 제1차세계대전 이전까지만 그랬을 뿐이다). 우편, 전신 그리고 임업도 국영기업에 속한다. 지방자체단체 기업에 속하는 부문 중에 특별히 커다란 경제적 의의를 지니는 것은 모든 종류의 수도, 가스, 전기 사업이다.[24] 이런 일반적 제도에는 유력한 국립은행들도 포함된다. 이런 '공'기업과 사기업의 상호의존관계는 경제 관계 일반이 다양화함에 따라 그 형태가 더욱 밀접하고 복잡해진다. 이 경우에 물론 신용이 커다란 구실을 한다. 소위 혼합 기업 제도라는 토대 위에서 특히 밀접한 관계가 생겨난다. 이 혼합 기업은 공적 요소와 사적 요소로 구성되며(보통은 독점 대기업의 참여를 동반한다), 지방공공단체 경제 분야에서 흔한 형태다. 흥미로운 것은 독일 제국은행Reichsbank의 사례다. 독일에서 이 은행의 경제적 구실은 실로 거대하다. 이 은행은 '민간경제'와 너무나도 밀접한 탓에, 지금까지도 이것이 단순한 주식회사인지 국가기관인지, 또는 사법적 성격을 갖는지 공법적 성격을 갖는지를 두고 논쟁될 정도다.[25]

이처럼 상당히 조직화된 체제의 모든 부분, 즉 카르텔, 은행, 국영기업은 끊임없이 서로 유착하고 있다. 이 유착 과정은 자본주의적 집적이 발전할수록 그 속도가 빨라진다. 카르텔화나 콘체른화는 곧바로 기업에 자금을 제공한 은행들의 이익공동체를 만들어 낸다. 은행은 자신이 자금을 제공한 기업들 사이의 경쟁을 중단시키는 데 관심을 쏟는다. 마찬가지로 은행들이 제휴를 맺을 때마다 산업 그룹 간의 결합이 촉진된다. 마지막으로, 국영기업도 대형 금융 그룹과 산업 그룹에 대한 의존도가 점차 높아지는 동시에 그 반대도 일어난다. 이렇게 집적과 조직화 과정에 있는 개별 분야는 서로에게 자극받아 국민경제 전체를 대규모 금융업자와 자본주의 국가의 지도 아래 거대하게 결합된 기업으로, 따라서 국내시장을 독점하고 고도의 비자본주의적 형태로 생산을 조직화할 전제 조건을 형성하는 경제로 전화하려는 매우 강력한 경향을 만들어 낸다.

그 결과 세계 자본주의, 즉 세계적 생산 체계는 최근에 다음과 같은 양상을 띤다. 몇 개의 통합되고 조직된 경제 구성체('위대한 문명국')가 있고, 주변에는 농업국이거나 반半농업국인 저개발국이 있다. 조직화 과정(이것은 자본가 이데올로그들이 주장하듯 자본가들의 목적이나 동기에서 비롯한 것이 아니라 자본가들이 최대 이윤을 추구한 객관적 결과다)은 '국민적' 한계를 극복하려는 경향을 보이지만, 이는 매우 본질적인 장애에 부딪힌다. 첫째로, '국민적' 틀 안에서 경쟁에 승리하는 것은 국제적 틀에서 경쟁에 승리하는 것보다 훨씬 쉽다(일반적으로 국제적 협정은 이미 존재하는 '국민적' 독점에 기반해 성립한다). 둘째로, [개별 국민경제들의] 경제구조의 차이, 따라서 생산비의 차이가 존재한다는 것은 선진적 '국민[경제]' 집단의 처지에서 봤을 때 협정을 맺는 것이 불이익으로 간주된다. 셋째로, 국가와의 결합과 국경 그 자체가 독점을 더욱더 강화하고 이것이 추가적 이윤을 보장해 준다.

이 마지막 요소 가운데 우선 관세정책을 살펴보자.

관세정책의 성격이 완전히 변화했다. 예전에는 관세의 목적이 보호였다면, 오늘날에는 공격이 목적이다. 예전에는 국내에서 생산이 그다지 발전하지 않아서 세계시장 경쟁에서 버틸 수 없을 법한 상품을 보호하기 위해 관세가 부과됐다면, 이제는 가장 경쟁력 있는 생산 부문이야말로 '보호'받는다.

보호무역주의 주창자인 프리드리히 리스트는 자신의 저서 《정치경제의 국민적 체계》에서 **육성관세**에 대해 언급하면서 이는 **일시적** 방안이라고 썼다.

> 우리는 여기서 순전히 산업을 **육성**하는 수단으로서의 관세 입법에 대해서만 언급해야 한다. … 보호 정책은, 국내 공업의 촉진과 보호가 목적일 때와 … 일류 농업·공업·상업과 거대한 육군·해군력을 갖춘 국가[영국]와 대등한 지위를 주장할 사명을 갖는 국민[독일]에게만 정당화될 수 있다.[26]

일부 부르주아 학자들의 단언에도 불구하고 지금은 상황이 완전히 바뀌었다. 오늘날의 높은 보호관세 정책은 카르텔 경제 정책의 국가적 정식화일 뿐이다. 오늘날의 관세는 **카르텔 관세**이며, 카르텔에 추가적 이윤을 보장하기 위한 수단이다. 사실 뻔한 일인데, 국내시장에서 경쟁이 배제되거나 최소한으로 축소된다면 '생산자'는 국내시장 가격을 관세 총액분만큼 올릴 수 있다. 이런 추가적 이윤은 해외시장에서 원가를 밑도는 가격, 즉 '덤핑 가격'으로 상품을 팔아 치울 수 있게 만든다. 이렇게 카르텔의 독특한 수출 정책, 즉 덤핑이 성립한다. 이 모든 것을 통해, 오늘날의 관세가 수출산업까지도 '보호'한다는 언뜻 보기에 기묘한 현상이 설명된다. 엥겔스는 이미 카르텔의 발전과 오늘날 관세의 특수성 사이의 관계를 매우 명료하게 파악했다.

> 급속히 그리고 거대하게 팽창하고 있는 현대적 생산력이 자본주의적 상품 교환의 법칙(이 테두리 안에서 생산력이 운동한다고 기대되고 있다)의 통제로부터 벗어나고 있다는 사실은 오늘날 자본가들의 의식에까지도 점점 더 새겨지고 있다. 이것은 특히 두 개의 징조에서 알 수 있다. 첫째로는 **일반적** 보호관세에 대한 새로운 열광인데, 이 관세가 수출 능력이 있는 상품을 보호하기 위한 것이라는 점에서 옛날의 보호주의와 다르다. 둘째로는 생산·가격·이윤을 조절하기 위해 산업 분야 전체에서 공장주들이 결성한 **카르텔과 트러스트**다[강조는 나의 것 — 부하린].[27]

지금은 이런 경향이 거대하게 전진했다. 강력한 산업, 특히 중공업이야말로 높은 보호관세의 열렬한 지지자가 됐다. 왜냐하면 관세가 높을수록 추가 이윤이 커지고, 새로운 시장을 급속하게 획득할 수 있고, 얻게 될 이윤의 양이 더욱 증가할 것이기 때문이다. 더 높은 가격으로도 더는 보상받지 못할 정도로 수요가 감소했을 때는 한계에 부딪히지만, 이런 범위 안에서 관세 인상 경향이 존재한다는 사실에는 이론의 여지가 없다.

이제 세계경제를 살펴보면 다음과 같은 광경이 눈에 들어온다. 선진국의 카르텔 관세와 덤핑은 후진국의 저항을 부르고, 후진국은 방어 관세를 인상한다.[28] 반대로 후진국의 관세 인상은 카르텔 관세를 더욱 높은 수준으로 인상하도록 자극하며, 이것은 덤핑을 더 쉽게 만든다. 동일한 상호작용이 선진국들 사이에서도, 후진국들 사이에서도 다른 조합으로 생겨난다는 것은 말할 것도 없다. 카르텔 조직이 증대하면서 끊임없이 반복되는 이 무한의 나선은 바로 엥겔스가 말한 "보호관세에 대한 열광"을 낳으며 오늘날에는 더욱 격화하고 있다.

현대적 발전을 이룬 모든 나라들에서 1870년대 말부터 자유무역에서 보호관세로의 방향 전환을 볼 수 있다. 이런 방향 전환에 따라 산업 '육성'은 카르텔 보호로 전환되고, 현대적 고율 보호관세 정책으로 나아간다.

독일에서는 1879년의 관세율표가 이와 같은 전환점이 됐으며, 이때부터 관세율은 멈출 줄 모르는 고공 행진을 보이고 있다(예컨대, 1902년의 관세를 그 이후의 것과 비교해 보라). 오스트리아에서 이 전환은 1878년에 일어났고 이후 관세는 비슷한 상승 경향을 보이고 있다(특히 1882년, 1887년, 1906년의 관세). 프랑스에서 보호관세 정책으로의 결정적 방향 전환은 1881년 일반 관세와 함께 시작됐다. 당시 공업 제품 관세가 24퍼센트

인상됐다. 또한 여기서 언급해야 할 것은, 1892년의 고율 보호관세(공업 제품에는 69퍼센트, 농산물에는 25퍼센트의 관세)와 1910년의 관세 '개정'이다. 스페인에서는 이미 1877년에 공업 제품에 높은 관세가 매겨졌으며, 특히 주목할 것은 관세율을 전반적으로 인상한 1906년 관세다. 트러스트와 현대적 관세정책의 전형인 미국은 보호관세 제도의 특징이 매우 두드러진다. 관세 인상은 트러스트의 발전과 더불어 1883년에 시작됐다. 1873~1874년에 38퍼센트였던 관세가 당시[1883년]에는 수입 상품 가격의 40퍼센트에 달했는데, 1887년에는 47.11퍼센트로, 1890년(매킨리 법안)에는 추가로 인상됐다(모직물은 91퍼센트, 고급 모직물은 가격 기준으로 150퍼센트, 수입 금속은 40~80퍼센트 등).[29] 이후 딩글리 법안(1897년)이 등장했고, 관세 인상 경향의 가장 두드러진 현상 가운데 하나인 페인 관세법(1909년)이 나왔다. 자유무역의 보루인 영국은 전환기에 있다. 자유무역을 '공정'무역, 즉 보호관세 제도로 대체하려는 '관세 개혁' 요구가 갈수록 격렬하고 완강해지고 있다(예를 들어, 체임벌린의 활동, 제국연방연맹Imperial Federation League과 국제제국연맹United Empire League 등의 활동을 보라). 본국과 식민지 사이의 거래에 적용되는 특혜관세 제도는 이런 노력의 부분적 실현이다. 1898년 캐나다는 본국[영국]에 대한 특혜관세율을 채택했다. 1900년과 1906년에 이 관세율은 수정돼 '개선'됐다. 지금은 기타 해외 상품에 비해 10~50퍼센트 낮아졌다. 1903년 남아프리카 식민지가 캐나다 사례를 따랐다(6.25~25퍼센트). 1903년과 1907년 뉴질랜드가 이에 동참했다. 1907년에는 호주가 참가했다(5~10퍼센트). 이른바 제국회의(즉, 식민지와 영국 정부의 대표자 회의)에서 보호주의적 견해가 더욱 분명해졌다. "오늘날 자유무역을 지지하면서 동시에 영국에 대해 낙관적일 수 있는 것은 이류 사상가뿐이다." 저명한 경제학자 애슐리는 부르주아의 무한한 자기만족 속에서 이렇게 영국 지배계급의 정서를 표현한다.[30]

두루 알다시피, 전쟁은 모든 경향을 가장 첨예한 형태로 밝히 드러냈으며, 보호관세는 [이제] 사실이 됐다. 마지막으로 우리는 러시아의 극단적으로 높은 관세율에 대해서도 언급해야 한다. 쿠르친스키는 다음과 같이 썼다.

> 1877년부터 새로운 흐름이 시작됐다. … 이 흐름은 훗날 끊임없이 인상될 고율 보호관세로의 분명한 이행을 보여 준다. 1877년의 [관세] 인상은 관세를 금화로 납부하게 함에 따라 이뤄졌고, 이것으로 관세가 한 번에 40퍼센트 정도 인상됐다. 이후 보호관세 원칙이 확대되면서 더 많은 상품 관세가 인상됐다. 1890년에는 모든 관세가 20퍼센트 인상됐다. 이러한 흐름의 마지막을 장식한 것이 1891년의 극단적 보호주의 관세다. 이에 따라 많은 상품의 관세율

이 1868년과 비교했을 때 100~300퍼센트, **심지어 그 이상 인상됐다.** 현행 관세율은 … 1903년에 공포돼 1906년 2월 16일에 시행됐다. **이 관세**[법]**에 따라 더 많은 관세율이 인상됐다**[강조는 나의 것 — 부하린].[31]

따라서 높은 관세장벽으로 '국민경제'를 보호하려는 일반적 경향이 있음은 의문의 여지가 없다. 이것은 관세가 인하되거나 통상조약에서 서로 양보하는 일이 일어난다 하더라도 결코 부정되지 않는다. 이 모든 경우는 예외적인 것에 불과하며, 끝나지 않을 전쟁의 일시적 휴전일 뿐이다. 일반적 경향은 그런 일로 결코 지양되지 않는다. 왜냐하면 그 경향은 그저 단순한 경험적 사실이 아닐뿐더러 현대적 관계들과는 무관한 비본질적인 우연적 현상도 아니기 때문이다. 그렇기는커녕, 이런 형태의 경제정책을 낳은 것은 바로 현대 자본주의 구조다. 이런 형태의 경제정책은 그 구조와 함께 성립하고 또 그 구조와 함께 몰락할 것이다.

오늘날 관세가 수행하는 중요한 경제적 구실은 '현대 자본주의' 정책에 공격적 성격을 부여한다. 사실, 독점 조직은 이제 관세 덕분에 추가 이윤을 얻고 그 이윤을 시장을 둘러싼 투쟁에서 수출 프리미엄(덤핑)으로 이용하고 있다. 일반적으로 이 추가 이윤은 두 가지 방법을 통해 증가한다. 첫째는 자국 영토 내

국내시장의 집약화를 통해서, 둘째는 영토의 확장을 통해서다. 그러나 첫째 방법은 국내시장의 크기가 제약이 된다. 거대 부르주아지가 궁지에서 벗어나기 위해 노동계급에게 돌아갈 몫을 늘릴 것이라고는 상상도 할 수 없다. 그들은 약삭빠른 장사꾼답게 또 다른 방법, 즉 경제적 영토 확장의 길을 가고자 할 것이다. 다른 조건이 동일하다면, 경제적 영토가 커질수록 추가 이윤은 더욱 증가하고, 수출 프리미엄을 통해 덤핑하기가 훨씬 수월해지고, 해외 판매는 더욱 확대되고, 이윤율은 더욱 높아진다. 국내시장에 비해 수출 상품의 비율이 월등히 크다면, 국외시장에서 덤핑 가격으로 판매하는 데 따른 손실을 국내시장의 독점가격으로 보상받을 수 없게 된다. 그러니 덤핑은 무의미하다. 반대로, 국내시장과 국외시장 사이의 비율이 적정하다면 최고의 이윤을 짜낼 수 있다. 그러나 이것은 국내시장이 일정한 크기가 돼야만 가능하다. 수요가 동일하다면 관세장벽 안에 있는, 따라서 국경 안쪽의 영토의 범위가 이를 규정한다. 이전의 자유경쟁 시대에는 [자국] 상품이 외국시장에 진출하는 경제적 점령으로 수출국 자본가가 충분히 만족했다면, 오늘날 금융자본의 이익이 요구하는 것은 자국 영토의 확장이다. 즉 침략 정책, 무력을 통한 직접적 압박, '제국주의적 침략'을 명령한다. 그러나 매우 분명하게도, 특수한 역사적 조건 덕분에 자유무역이라는 낡은 개방 체제를 대체로 견지하는 곳에서는, 또 국가 영토가 충분히 넓은

곳에서는, 침략 정책과 더불어 국가 유기체의 분산된 부분을 통합하고 식민지와 본국을 융합해서 공통의 관세장벽을 갖는 거대한 통합 '제국'을 만들려 한다. 이에 해당하는 것이 영국 제국주의다. 중부 유럽 관세동맹을 형성하려는 논의 또한 거대한 경제적 영토를 만들어서 해외시장 경쟁을 위한 독점적 수단으로 삼으려는 것에 불과하다. 실제로 이 계획은 금융자본의 이익과 이데올로기의 산물이다. 금융자본은 세계경제 구석구석까지 침투하며, 동시에 국가 유기체의 고립화, 즉 자신의 독점적 지위를 강화하기 위한 수단인 경제적 자급자족 체제로의 강력한 경향을 만들어 낸다. 이렇게 자본의 국제화와 나란히 자본의 '국민적' 통합의 과정, 즉 엄청나게 중대한 결과를 동반할 '국가화' 과정이 진행된다.[32]

이와 같은 자본의 '국가화' 과정, 즉 국가의 경계 안에 포함돼 서로 뚜렷하게 대립하는 동질적인 경제적 유기체의 창출은 세계경제의 3대 분야(상품 시장, 원료 시장, 투자)에서 일어나는 변화에 따라서도 자극을 받는다. 그러므로 우리는 이 세 분야에서 벌어지는 세계 자본의 재생산 조건의 변화를 분석해야 한다.

5장

세계 판매 시장과 판매 조건의 변화

1. 대량생산과 해외 진출
2. 경제구조가 다른 나라들 간 교환에서 가격 형성과 특별 이윤의 발생
3. 강대국의 식민정책과 세계 분할
4. 강대국의 관세정책과 판매 시장
5. 세계 판매 시장의 경쟁 격화와 자본주의적 팽창

모든 '국민적' 자본주의는 언제나 팽창하려는 경향, 세력권을 확대하려는 경향, 국경을 넘어 진출하려는 경향을 보여 왔다. 이것은 바로 자본주의 사회구조에서 비롯한다.

직접적 착취의 조건들과 이 착취의 실현[즉 잉여가치의 실현 — 부하

린]의 조건들은 동일하지 않다. 두 조건은 시간과 공간에서 일치하지 않을 뿐 아니라 개념에서도 일치하지 않는다. 전자는 사회의 생산력에 의해서만 제한되며, 후자는 여러 생산 분야들 사이의 비례관계와 사회의 소비능력에 의해 제한되고 있다. 그런데 사회의 소비능력은 절대적 생산능력이나 절대적 소비능력에 의해 결정되는 것이 아니라, 적대적 분배 관계(이것은 사회의 대다수 민중의 소비를 최저 수준으로 감소시켜 다소 좁은 범위 안에서만 변동할 수 있게 한다)에 근거한 소비능력에 의해 결정된다. 또한 사회의 소비능력은 축적 욕구(자본을 확대해 더욱 큰 규모로 잉여가치를 생산하려는 욕구)에 의해 더욱 제한되고 있다. 이 축적 욕구는 자본주의적 생산을 규제하는 법칙[이다.] … 그러므로 시장은 끊임없이 확대되지 않을 수 없으며 … 자본주의적 생산의 내적 모순은 생산의 외부 영역을 확대함으로써 해결을 추구한다.[1]

이런 대량생산의 법칙은 동시에 대량 과잉생산의 법칙이기도 한데, 그렇다고 '국민'국가의 국경선을 넘어 진출하는 것을 어떤 절대적 필연성의 의미로 파악해서는 안 된다. 이 필연성은 이윤이 발생하는 과정에서 생겨나는 것이며, 이윤의 크기야말로 운동 전체를 규제하는 원리다. 알다시피 이윤의 크기는 상품의 양과 상품 단위당 이윤(이것은 판매 가격에서 생산비를 뺀 것과 같다)에 의존한다. 만일 상품의 양을 V, 단위 상품 가격을 P, 단위당 상품 생산비를 C라고 한다면, 이윤 총액은 V(P-C)가 된다. 생산비가 낮을수록 단위 상품당 이윤은 커지며, 판매가 안정적이거나 늘면 이윤은 더욱 커진다. 그러나 시장에 유입되는 상품의 양이 많을수록 생산비는 줄어든다. 기술 진보, 생산력 증대, 이에 따른 생산물의 양적 증가는 모두 생산비를 감소시킨다. 그러므로 낮은 가격으로 해외에서 판매하는 것은 아주 당연한 일이다. 설사 상품을 판매해서 이윤이 전혀 남지 않더라도, 상품을 생산원가로 판매할 때조차 생산비의 감소 덕분에 이윤량은 증대한다(여기서 '전략적' 목적으로, 즉 시장을 서둘러 정복해 경쟁 상대를 패퇴시키려고 손해를 보며 판매하는 경우는 다루지 않는다). 이제 일반 공식 V(P-C)에서 생산비의 크기는 생산물의 양 V와 대응하는 금액이 아니라 (V+E)에 대응하는 훨씬 더 적은 금액이다(여기서 E는 수출 상품의 양을 나타낸다). 이렇게 이윤의 운동은 상품이 국경을 넘어 진출하도록 만든다. 그러나 자본주의를 규제하는 동일한 원리(이윤율)는 다른 방식으로 작동하기도 한다. 여기서 고찰할 것은, **경제구조가 상이한 나라들 사이의 교환에서 특별 이윤이 발생하는 경우다.**

이런 추가 이윤이 형성되는 과정은 상업자본의 시대에도 이미 분명했다. 마르크스는 다음과 같이 썼다.

상업자본이 저개발 공동체들 사이의 생산물 교환을 매개하는 한,

상업 이윤은 사기와 기만의 형태를 띨 뿐 아니라 사실상 주로 이것으로부터 발생한다. 상업자본이 각국의 생산가격들 사이의 차액을 취득한다는 사실 … 이외에도, 이런 발달하지 않은 생산양식에서는 상업자본이 잉여생산물의 대부분을 자기의 것으로 취득하게 된다. 왜냐하면 첫째로 그 공동체들에서 생산은 아직도 기본적으로 사용가치의 생산을 지향하고 있으며, 따라서 생산물 중 유통에 들어가는 부분의 판매, 그리고 생산물을 그 가치대로 판매한다는 것은 이들 경제조직에서는 부차적 중요성을 가지고 있을 뿐인데, 상업자본이 이런 공동체들 사이의 중개자 구실을 하기 때문이며, 둘째로 이런 자본주의 이전의 생산양식에서는 잉여생산물의 주요한 소유자들(상인은 이들과 거래한다), 즉 노예소유주·봉건영주·국가는 … 향락적 부의 대표자들[이다.][2]

여기서 '사기'와 '기만'이 이렇듯 커다란 구실을 한 이유는 교환 과정 자체가 불규칙적이었고 국제적 분업 사회에서의 필연적 '신진대사' 과정이 아니라 다소간 우연적 현상이었기 때문이다. 그러나 추가 이윤은 국제적 상품 교환이 이미 세계 자본의 재생산에서 규칙적으로 되풀이되는 단계에 이르렀을 때에도 발생한다. 마르크스는 이런 종류의 특별 이윤의 경제적 본질을 다음 문장에서 분명히 밝혔다.

대외무역에 투하된 자본은 더 높은 이윤율을 얻을 수 있다. 왜냐하면 먼저 덜 발달된 생산 설비를 가진 타국들이 생산하는 상품들과 경쟁하므로, 선진국은 경쟁국들보다 싸게 판매하더라도 그 상품의 가치 이상으로 판매하기 때문이다. 선진국의 노동이 더 높은 가치를 가진 노동으로 실현되는 한 이윤율은 상승한다. 왜냐하면 [국내에서는] 질적으로 더 높은 노동으로 지불받지 못하던 노동이 [대외무역에서는] 그런 것으로 판매되기 때문이다. 선진국이 상품을 주고받는 상대국에 대해서도 동일한 관계가 성립할 수 있다. 즉 그 상대국은 자기가 받는 것보다 큰 대상화된 노동을 현물로 제공한다(비록 자기가 스스로 그 해당 상품을 생산하는 것보다 싸게 얻기는 하지만). 이것은, 새로운 발견이 보편화되기 전에 이 발견을 이용하는 제조업자는 경쟁자들보다 싸게 판매하면서도 자기 상품의 개별 가치 이상으로 판매해, 자기가 고용하는 노동의 특별히 높은 생산성을 잉여노동으로 전환시켜 **초과이윤을 실현하는 것과 마찬가지다**. 그러나 식민지 등에 투하된 자본에 관해 말한다면, 그 자본이 더 높은 이윤을 얻을 수 있는 이유는, 거기에서는 발전 수준이 낮아 일반적으로 이윤율이 더 높기 때문이고, 노예와 쿨리[하층 노동자] 등을 고용하므로 노동착취도도 더 높기 때문이다. 이처럼 [식민지의] 일정한 생산 분야에 투하된 자본이 생산해 본국에 가져오는 더 높은 이윤율이 (독점에 의해 방해받지 않는 한) 본국에서 일반적 이윤율의 균등화에 참가해 그것만큼 일반적

이윤율을 상승시키지 못할 이유가 없다[강조는 나의 것 — 부하린].[3]

마르크스는 여기서 노동가치론에 기반해 특별 이윤에 대한 이론적 설명을 제시한다. 이런 관점에서 보면, 추가 이윤은 본질적으로 생산물의 사회적 가치(여기서 '사회'란 전체로서 세계 자본주의를 의미한다)가 생산물의 개별적 가치(이 경우 '개별'은 '국민경제'로 이해해야 한다)를 초과하는 차액을 나타낸다. 마르크스는 여기서 그치지 않고, 획득된 [추가] 이윤의 일정한 고착화가 일어날 경우까지도 예상하며, 그것은 해당 영역을 독점 조직이 지배할 경우(이 경우는 특히 우리 시대에 중요하다)에 일어난다고 설명하고 있다.

이처럼 국내 활동의 곤란이 아니라 더 높은 이윤율 추구야말로 세계 자본주의의 원동력이다. 오늘날의 '자본주의적 과잉'도 결코 절대적 한계를 의미하지 않는다. 더 낮은 이윤율은 상품과 자본을 더욱더 '조국' 밖으로 내몬다. 그러나 이 과정은 세계경제의 다른 부분에서도 동시에 일어난다. 여기서 여러 '국민경제' 자본가들이 경쟁 상대로서 서로 충돌한다. 그리하여 세계 자본주의 생산력이 증대할수록 해외무역의 성장이 강화되고 경쟁전도 더 격화한다. 바야흐로 지난 수십 년 동안 이 분야에서 일어난 양적 변화는 이미 질적 변화의 성격을 띠기 시작했다.

이런 변화는 이를테면 두 방향에서 일어나고 있다. 첫째, 대량생산 과정이 급속하게 진행되고 있다. 즉, 해외시장을 찾는 상품의 양이 증가하고 있다. 이것은 최근 들어 대단히 특징적인 현상 가운데 하나다. 둘째, 자유 시장, 즉 '강대국'의 독점기업들에 장악되지 않은 시장이 갈수록 줄어들고 있다. 이들 강대국은 본국 자본의 요구를 충족시키기 위해 매우 서둘러 자유로운 영역을 확보해 갔다. 1870~1880년부터 '영토 확보'가 급속도로 이뤄졌다. 여기서는 모든 현대 자본주의 국가들이 열광하는 '식민정책'의 결과를 간단히 설명하는 것으로 충분할 것이다.

영국은 이미 광대한 영토를 지배하고 있지만, 1870년부터 일부 새로운 영토들을 편입시켰다. 아시아에서는 발루치스탄,* 버마, 키프로스섬, 영국령 북보르네오, 웨이하이웨이,** 홍콩 인접 지역을 병합했다. 또 [믈라카해협 주변의] 해협식민지를 확대하고, 쿠웨이트를 보호국으로 만들고(1899년), 시나이반도 등을 정복했다. 호주에서는 두세 개 섬을 확보했으며, 뉴기니 남동부, 솔로몬제도와 통가제도의 대부분을 차지했다. 영국은 특히 경쟁과 병합이 치열했던 아프리카에서 이집트, 수단의 이집트 통치 지역과 우간다, 영국령 동아프리카[케냐], 영국령 소말릴란드,*** [탄자

---

* 발루치스탄 당시 인도의 북서쪽 지역.

** 웨이하이웨이威海衛 중국 산둥성에 있는 항구도시로 영국의 옛 조차지.

*** 소말릴란드 오늘날 소말리아 북서부.

니아 동쪽에 있는] 잔지바르와 펨바를 차지했다. 남아프리카에서는 보어인의* 두 공화국인 로디지아[짐바브웨]와 영국령 중앙아프리카[말라위]를 점령하고, 서아프리카에서는 이전 식민지를 확장하는 것 말고도 나이지리아를 점령했다.[4] 이것이 영국의 '성과'였다.

이에 뒤지지 않는 '성과'를 낸 것이 프랑스다. 프랑스 제국주의자의 저작을 보자.

> 1870년부터 우리는 진정한 식민지 확보 운동의 부활을 경험하고 있다. [프랑스] 제3공화국은 안남을** 보호국으로 만들고, 통킹을 차지하고, 라오스를 병합하고, 튀니스와 코모로 제도[마다가스카르와 가까운 섬 — 부하린]로 보호령을 확대하고, 마다가스카르를 점령했다. 그리고 영토를 사하라, 수단, 기니, 코트디부아르, 다호메이,*** 소말리아 해안으로 한없이 확대하고, 대서양과 콩고에서 [사하라사막 남쪽에 있는] 차드호에 이르는 새로운 프랑스를 건설했다.[5]

이미 19세기 말 프랑스령 식민지 넓이는 프랑스 본국의 19배에 달했다!

---

* 보어인 남아프리카공화국의 네덜란드계 백인.

** 안남 베트남 중부의 옛 왕국.

*** 다호메이 아프리카 서부에 있는 베냉의 옛 이름.

독일 제국주의는 경쟁 무대에 뒤늦게 등장했지만, 잃어버린 시간을 되찾고자 서둘렀다. 1884년은 독일의 식민지정책이 시작된 해다. 독일은 서남아프리카[나미비아], 카메룬, 토고, 동아프리카[부룬디, 르완다, 탄자니아]를 정복하고 뉴기니와 여러 군도('황제 빌헬름의 땅',* '비스마르크제도', 캐롤라인제도, 마리아나제도 등)를 차지했다. 1897년에는 자오저우膠州를 합병하고, 터키와 소아시아 침략을 준비했다. 이 모든 '진화'는 또한 급속도로 이뤄졌다.[6]

마지막으로 러시아의 식민지정책에 대해 독자들에게 상기시키고 싶은 것은 중앙아시아 정복과 만주·몽골 정책이다. 최근에는 영국의 지원 속에서 페르시아에 식민정책을 썼다(이 정책의 영웅이 랴코프 대령이었다).[7] 유럽 이외 국가들도 식민정책을 추진하고 있다. 그 가운데 미국과 일본이 가장 중요하다. 자유로운 영토를 이처럼 '분할'하고 이에 따라 자유 시장도 대규모로 '분할'한 결과, '국민적' 자본가 집단 사이의 국제적 경쟁이 극단으로 격화될 수밖에 없었다. 다음 표는 현재의 세계 영토와 인구 분할 양상을 보여 준다(표 17).

이렇게 강대국들은 1876~1914년에 2500만 제곱킬로미터의 식민지를 손에 넣었다. 이 넓이는 유럽의 2배에 달한다. 세계의

---

* 카이저빌헬름스란트. 오늘날 파푸아뉴기니 북부.

〈표 17〉[8]

강대국	식민지				본국		합계	
	1876년		1914년		1914년		1914년	
	넓이	인구	넓이	인구	넓이	인구	넓이	인구
	100만 제곱 킬로미터	100만 명	100만 제곱 킬로미터	100만 명	100만 제곱 킬로미터	100만 명	100만 제곱 킬로미터	100만 명
영국	22.5	251.9	33.5	393.5	0.3	46.5	33.8	440.0
러시아	17.0	15.9	17.4	33.2	5.4	136.2	22.8	169.4
프랑스	0.9	6.0	10.6	55.5	0.5	39.6	11.1	95.1
독일	–	–	2.9	12.3	0.5	64.9	3.4	77.2
미국	–	–	0.3	9.7	9.4	97.0	9.7	106.7
일본	–	–	0.3	19.2	0.4	53.0	0.7	72.2
6대 강대국 합계	40.4	273.8	65.0	523.4	16.5	437.2	81.5	960.6
소국(벨기에, 네덜란드 등) 식민지							9.9	45.3
3곳의 반半식민지(터키, 페르시아, 중국)							14.5	361.2
기타 국가							28.0	289.9
세계 총계							133.9	1,657.0

거의 대부분이 강대국들 사이에서 분할됐다. 그러므로 믿을 수 없을 정도로 경쟁이 격화하고 있고, 자본주의 열강들 사이에서 복잡한 쟁탈전이 벌어질 가능성이 커지는 만큼 아직 분할되지 않은 나라들에 대한 자본주의적 팽창 압력이 증가하고 있음은 아주 분명하다.[9]

한편, 이런 쟁탈전의 가능성은 관세의 작용으로 더욱 커진다. 관세야말로 상품 수입 앞에 놓인 장벽이며, 이 장벽은 오직 한 가지 방법으로, 즉 압력과 폭력을 사용함으로써 극복된다. 그 전초전으로 관세전쟁, 즉 양보를 강요하기 위한 관세율 인상('보복관세')이 등장하는 경우도 있다. 이런 관세전쟁은 예컨대 오스트리아-헝가리와 루마니아(1886~1890년), 오스트리아-헝가리와 세르비아(1906~1911년), 오스트리아-헝가리와 몬테네그로(1908~1911년), 독일과 러시아(1893~1894년), 독일과 스페인(1894~1899년), 독일과 캐나다(1903~1910년), 프랑스와 이탈리아(1888~1892년), 프랑스와 스위스(1893~1895년) 사이에서 벌어졌다. 자유 시장이 '분할'되는 속도가 빠를수록 이 시장은 더욱 급속하게 관세장벽 안으로 포함되고, 경쟁은 더욱 격화하고, 강대국들의 관세정책은 더욱 격렬하게 충돌한다. 그러나 관세전쟁은 그저 부분적 공격이자 시험장에 불과하다. 궁극적으로 모순을 해결하는 것은 '현실의 힘'의 관계, 즉 무력이다. 이렇게 판매 시장[을 둘러싼 경쟁] 추구는 불가피하게 '국민적' 자본 집단들 사이의 충돌을 부른다. 생산력의 거대한 증가, 최근 자유 시장이 최소한으로 줄어든 것, 금융자본 지배의 결과로 벌어지는 강대국의 관세 정책, 상품 가치 실현이 매우 어려워진 것, 이 모든 것이 군사기술에 최종 결정권을 부여하는 상태를 낳고 있다.

바로 여기서 마르크스가 분석한 자본주의적 발전의 모든 모순이 드러난다. 생산력 증대는 적대적 분배 형태와 자본주의적 생산의 불균형성과 모순을 빚고 있다(자본주의적 팽창은 여기서 태어난다). 다른 한편, 사회화된 노동은 사적 경제조직과 충돌한다(그것은 국민적 자본주의 사이의 경쟁으로 표현된다). 사회적 매커니즘의 모든 부분의 균형과 원활한 발전을 위한 조건이 결여돼 있다. 그 어느 때보다 최근에는 더욱더 그렇다. 따라서 극심한 공황과 격렬한 변화가 일어난다.

6장

세계 원료 시장과 원료 구입 조건의 변화

1. 사회적 생산의 불균형
2. 토지의 독점, 공업과 농업의 불균형 증대
3. 원료 가격의 급등과 원료 시장의 수축
4. 세계 원료 시장에서의 경쟁 격화와 자본주의적 팽창

앞선 장에서 자본주의의 최근 발전이 어떻게 상품 가치 실현을 점점 더 어렵게 만들어서 여러 '국민적' 지배계급 집단이 팽창정책을 추구하게 되는지를 살펴봤다. 그러나 자본의 재생산 과정은 단순히 판매 국면에만 국한되는 것이 아니다. 재생산 공식 M—C…P…C′—M′에서 마지막 부분(C′—M′)만이 생산물 가

격의 실현을 표현한다.* 보통은 C′—M′의 과정, 즉 판매 과정에서 벌어지는 어려움만을 [문제인 양] 다룬다. 판매 시장을 둘러싼 경쟁과 특히 산업공황 때문에 흔히 자본이 C′—M′ 국면을 통과할 때의 어려움만을 분석해 왔다. 그러나 자본 운동의 첫 번째 국면, 즉 화폐가 생산수단과 교환되는 국면(M—C)에서도 어려움이 생길 수 있다. 실제로 자본주의적 관계들의 최근 발전 때문에 사회적 자본 재생산의 이 [화폐가 생산수단과 교환되는] 영역에서도 갈수록 어려움이 생겨나고 있다.

두루 알다시피, M—C의 과정은 M—L과 M—MP의 두 부분으로 나뉜다. 여기서 L은 노동력을, MP는 생산수단을 나타낸다. 그러면 이 국면의 공식은 M—C(L—MP)가 된다. 따라서 우리는 이 공식의 두 부분을 살펴봐야 한다.

생산력 증대는 사회의 구조와 계급 세력 관계의 변화를 낳는다는 점에서, 무엇보다 사회적 대립이 극심해지고 조직된 계급적 적대 세력이 서로 대항한다는 사실로 표현된다. 여기서 상대적 균형 상태는 사회 세력들이 서로에게 엄청난 압력을 가하고 있음을 의미한다. 이윤율 저하 경향 때문에 자본가는 한편에서 노동강도를 높이고 다른 한편에서 장시간 일하는 저렴한 노동

---

* 《자본론》 2권 1장에 나오는 화폐자본의 순환 공식이다. M은 시작점의 화폐, C는 생산에 이용되는 상품(노동력 L + 생산수단 MP), P는 생산과정, C′는 생산된 상품, M′은 종착점의 화폐다.

력을 구하려 한다. 후자는 역시나 식민정책으로 달성된다.[1]

그러나 훨씬 더 중요한 것은 이 문제의 또 다른 측면이다.

우리가 여기서 염두에 두는 것은 산업 발전과 (제조업에 원료를 제공하는) 농업 발전 사이의 불균형이다. 제조업은 갈수록 더 많은 원료가 필요하다. 이런 원료에는 목재(제지업, 건축업, 가구 공업, 철도 건설업 등), 동물성 생산물(피혁, 양모, 저모[돼지의 털], 마모[말의 털], 모피, 뼈, 내장, 모든 동물성 지방, 식품 가공에 필요한 육류 등), 섬유 원료(면화, 아마, 대마 등) 그리고 모든 공업에서 매우 중요한 구실을 하는 고무 등의 상품이 있다. 그러나 현대 농업 발전은 결코 공업의 급속한 발전과 보조를 맞추지 못했다. 이 사실이야말로 최근의 자본주의 발전에서 특히 중요한 국제적 현상인 물가 폭등의 가장 주요한 이유다. 왜냐하면 공업화 과정이 너무 급속해서 해외 농산물 생산마저 선진 자본주의 국가들의 수요를 감당할 수 없게 되자 예전에는 하락하던 [농산물의] 세계시장 가격이 이제는 가파르게 상승하기 시작했기 때문이다. 다음 통계는 물가 상승을 보여 준다(표 18).

이처럼 1903~1913년의 10년 동안 황마 가격은 128퍼센트, 면화는 13퍼센트, 소가죽은 55퍼센트, 송아지 가죽은 25퍼센트, 돼지비계는 31퍼센트 상승했다.[2]

어떤 경우라도, 심지어 사회주의 사회에서도, 생산력 발전은 생산수단을 생산하는 방향으로 나아가는 경향을 보인다(이미

〈표 18〉 푸드당* 가격(단위: 루블)[3]

연도	황마	면화	소가죽	러시아산 송아지 가죽	미국산 돼지비계
	런던 시장	함부르크 시장			
1903	1.77	9.12	6.11	19.62	6.62
1904	1.76	9.57	6.49	20.93	5.57
1905	2.42	7.72	6.93	28.64	5.79
1906	3.04	8.96	7.90	28.82	6.31
1907	2.51	9.87	7.96	27.90	7.07
1908	1.88	8.47	6.52	28.65	7.01
1909	1.83	9.46	7.22	25.38	8.97
1910	1.98	11.72	8.35	27.33	9.52
1911	2.62	10.51	8.40	26.54	7.04
1912	2.86	9.65	8.57	25.50	8.17
1913	3.93	10.35	9.47	24.60	8.66

살펴봤듯이, 자본주의 사회에서는 이 과정이 자본의 유기적 구성의 고도화라는 형태를 띤다). 그러나 보통의 조건에서 이것이 사회의 생산력 분배에서 반드시 불균형을 초래하는 것은 아니다. 그 반대로 발전 과정이 조화로울 수도 있고, 더 중요하게는 원료에 대한 '수요'가 '공급'과 동일한 속도로 증가할 수도 있다. 그러므로 진정한 문제는 산업 일반의 상대적 성장이 아니라 조화롭지 못한 성장이다. 다른 한편, 이런 발전 과정을 맬서스와 수많은 (암묵적·공개적) 맬서스 신봉자들이 생각하듯 농산물 생

* 푸드 옛 소련의 무게 단위로 1푸드는 16.38킬로그램이다.

산을 저해하는 '절대적' 법칙이나 '자연'법칙의 표현으로 이해하면 안 된다. [오히려] 가장 커다란 장애는 특수한 사회적 범주, 즉 토지 소유의 독점이다. 마르크스는 절대지대에 관한 장에서 다음과 같이 말했다.

> 토지의 법률상 소유 그 자체는 토지 소유자에게 어떤 지대도 가져다주는 것이 아니다. 그러나 법률상의 소유는, 토지가 진정한 농업에 사용되든 건물 따위와 같은 기타의 생산적 목적에 사용되든 토지 소유자에게 어떤 잉여를 가져다주는 경제적 상황이 올 때까지, 자기 토지를 이용할 수 없게 하는 힘을 토지 소유자에게 부여한다. 토지 소유자는 토지의 절대 규모를 증감시킬 수는 없지만 시장에 나오는 토지의 규모를 증감시킬 수는 있다. 이 때문에, 푸리에가 이미 지적한 바와 같이, 모든 문명국에서는 항상 토지의 상당히 큰 부분이 경작되지 않은 채로 있다는 것이 하나의 특징적 사실이다.[4]

여기에서 토지 소유는 조세를 부과하지 않고서는(즉 지대를 받지 않고서는) 이전에 경작되지 않은 또는 임대되지 않은 토지에 대한 새로운 투자를 허용하지 않는 장벽이다. 비록 새로 경작되는 토지가 차액지대를 낳지 않는 [즉 토지의 질적 차이에 따른 지대가 생기지 않는 — 부하린] 종류의 토지이며, 따라서 토지 소유가 없다면 시장가격의 조그마한 상승에 의해서도 이미 경작됐을 경우라 하더라도 (즉 지배적 시장가격이 이 최열등지의 경작자에게 생산가격[즉 생산비 더하기 평균이윤 — 부하린]만을 지불한다고 하더라도) 말이다.[5]

그런데 제조업 제품 가격 상승은 보통 수요 감소를 동반하고 이때 수요곡선은 가격 변동에 따라 빠르게 변화하는 반면, 농산물의 분배 영역에서의 수요는 상대적으로 더 안정적이다.(제조업 원료 생산은 많은 경우 식료품 생산의 부산물 분야라는 사실을 잊지 말아야 한다. 예컨대, 가죽 생산은 육류 생산과 연결돼 있으며, 이는 소시지용 창자나 일부는 양모 등의 생산에도 들어맞는다.) 이 때문에 농업 생산에서는 엄격한 의미의 독점 조직의 발전이 비교적 미약한데도 경쟁이 하는 구실은 본질적으로 미미한 것이다. 대량생산의 법칙이나 급속한 자본축적 등은 산업에 비해 농업에서는 그다지 두드러지지 않는다.

이렇게 해서 무질서한 경제구조에서 만들어지고 카르텔화와 트러스트화 등에도 불구하고 여전히 존재하는 자본주의 경제의 생산 부문들 간의 일반적 불균형에, [이처럼] 산업과 농업 사이의 점차 커져 가는 또 다른 불균형이 더해진다. 아주 당연하게도, 이런 불균형은 최근 들어 특히 더 뚜렷해졌다. 생산력 증대 과정이 최근 10년 동안 얼마나 강화됐는지는 이미 지적한 바 있다. 대서양 건너편 나라들, 특히 미국은 자국의 공업 발전과 함께 농산물 수요도 끊임없이 증가하고 있다. 다른 농업국들도 마찬가지다. 예컨대, 오스트리아-헝가리는 매우 단시간에 곡물 등의 수입이 수출을 웃도는 나라가 됐다. 지난 10년 동안 세계 자본주의 생산력의 전반적 발전은 산업 생산과 농업 생산의 상호 관계를 이동·변화시켰으며, 여기서도 이미 양적 변화가 질적 변화로 나아갈 한계점에 도달했다. 바로 이 때문에 농산물 가격이 도처에서 전반적으로 상승하는 이런 결핍의 시대야말로 자본주의 최근 단계의 한 현상이다. 원료 가격의 상승은 이윤율에 직접 영향을 준다. 왜냐하면, 다른 조건이 동일하다면 이윤율은 원료 가격 변동과 반비례해 상승하고 하락하기 때문이다. 그러므로 개별 '국민경제' 자본가들은 원료 시장을 확대하려고 끊임없이 노력하게 된다. 그러나 판매 시장을 수축시킨 것과 동일한 과정이 원료 시장의 범위 또한 수축시킨다. 왜냐하면, 원료 시장의 구실을 하는 나라가 주로 [선진국] 공업 제품의 '해외' 판매 시장을 형성하고 있는 나라, 즉 식민지를 비롯한 후진국들이기 때문이다. 그러므로 여러 강대국 자본가들의 [원료 시장 확대를 위한] 노력은 판매 시장을 둘러싼 경쟁과 동일하게 서로 충돌한다. 이것은 그리 놀라운 일이 아니다. 사회적 자본의 재생산 과정은 M—C···P···C′—M′ 순환의 마지막 국면, 즉 판매의 국면에서 나타날 수 있는 변화의 중요성뿐 아니라, M—C 국면, 즉 생산수단을 구매하는 국면에서 나타날 수 있는 변화의 중요성 또한 상정하고 있기 때문이다. 자본주의적 '생산자'는 판매자일 뿐 아니라 구매자이기도 하다. 더욱이 단순한 판매자와 구매자가 아닌 자본주의적 판매자이고 구매자다. 즉, 구매 행위도 판매 행위도 여기서는 자본 운동의 공식에 포함된 일부다. 따라서 구매자의 '평화적 경쟁'과 판매자의 적대적 경쟁이라는 명제를 주장하는 프란츠 오펜하이머의 이론은 분명히 자의적이다.[6] 그가 논증의 기초로 삼은 명제는 다음과 같다. 판매자는 보통 단 하나의 상품만을 시장에 내놓으며, 그의 운명은 이 상품, 즉 그것의 가격과 연결돼 있다. 반면에 (오펜하이머가 보기에) 구매자는 매우 다양한 상품과 그 가격에 관심을 둔다. 구매자는 이들 상품 가운데 하나에만 관심을 기울이지 않는다. 왜냐하면 "한 상품의 가격이 상승해도 다른 상품의 가격은 하락할 수 있기 때문"이다. 여기서 오펜하이머는 가장 본질적인 점, 즉 오늘날의 구매자가 대체로 자본주의적 구매자임을 간과하고 있다. 확대재생산에 기반한 생산적 소비에 비하면 개인적 소비는 중요하지 않다. 그러나 생산이라는 목적에 비춰 봤을 때 가장 필요한 것은 비교적 소수 상품의 대량 구매다. 일반적으로 동일한 종류의 생산물을 방대한 양으로 구매하기 때문에, 단 하나의 상품이 종종 매우 중요한 구실을 하는 것이다(예컨대, 면화가 섬유공업에서 얼마나 중요한지를 보라).[7]

그러므로 오펜하이머가 생각해 낸 이유에 따라 원료 시장을 둘러싼 투쟁이 그다지 '격렬'하지 않다고 볼 근거는 어디에도 없다. 이 영역에서도 경쟁이 격렬해지고 있는 게 사실이며 탄광, 철광산, 구리 광산, 유전 등이 있는 영토를 병합하려는 노력으로 말미암아 경쟁은 더욱 강화된다. 이런 산업부문들은 커다란 중요성이 있고 자연조건에 의존하는데, 쉽게 독점화된다. 그래서 한번 특정 '국민적' 집단의 수중에 들어가면 다른 집단은 손을 쓸 수 없다. 그러나 이는 필요한 '점령' 수단을 행사할 수 있는 단결된 '국민적' 집단이 무대에 등장하게 되면, 당연히 농업생산에도 적용된다. 이집트에 대한 영국의 정책, 특히 이집트를 영국 섬유산업에 원료를 제공하는 거대한 면화 농장으로 전환시킨 것은 이를 보여 주는 분명한 사례다.

이렇게 자본주의의 최근 단계는 이 [원료 시장] 영역에서도 분쟁을 격화시킨다. 자본주의적 발전의 속도가 빨라질수록, 경제의 공업화 과정과 국토의 '도시화'(도시 발전) 과정은 갈수록 빨라지고, 공업과 농업의 균형은 더욱 파괴되고, 선진국 간의 후진국 장악을 둘러싼 경쟁은 더욱 격렬해지고, 선진국의 공공연한 충돌은 더는 피할 수 없게 된다.

이리하여 자본주의적 팽창이 여기서도 모순의 '해결책'으로 등장하며 이것은 필연적으로 제국주의 정책의 결정적 순간, 즉 전쟁으로 나아간다.

지금까지 국제적 상품 교환의 조건 속에서 일어나 '국민적' 자본가들 사이의 경쟁과 그 결과인 침략 정책을 격화시킨 변화를 살펴봤다. 그러나 이것만으로는 오늘날의 특징적 변화들을 아직 충분히 다뤘다고 할 수 없다. 세계 자본주의의 생산력 발전은 또 다른 형태의 국제적 경제 관계를 낳았다. 바로 자본 가치의 국제적 운동이다. 지금부터 이를 살펴보자.

7장
자본의 국제적 운동과 국제 관계의 경제적 형태 변화

1. 자본의 과잉생산과 그 증대
2. 자본수출의 추진력
3. 카르텔과 자본수출
4. 자본수출과 차관
5. 자본수출과 통상조약
6. 자본수출과 상품 수출
7. 투자처를 둘러싼 경쟁 격화와 자본주의적 팽창

자본의 국제적 운동은 자본 수출국의 관점에서 볼 수도 있고, 자본 수입국의 관점에서 볼 수도 있다. 전자의 경우는 자본수출이 문제가 될 것이다.

일국의 자본수출은 자본의 과잉생산, 즉 자본의 과잉축적을 전제한다. 절대적 과잉생산은 자본주의적 관점에서 추가[즉, 증가한] 자본이 아무런 잉여가치도 생산하지 못할 경우 생긴다. 즉, 증대한 자본 C+ΔC가 생산하는 이윤이 ΔC만큼 증가하기 이전의 자본 C가 생산한 것보다 많지 않을 때, 자본의 절대적 과잉생산이 생긴다.[1] 그러나 과잉생산이 이런 한계에 도달해야만 자본수출이 일어나는 것은 결코 아니다.

> 자본이 해외로 보내진다면, 그 이유는 그 자본이 국내에서 절대적으로 사용될 수 없기 때문이 아니다. 오히려 그 자본이 해외에서 더 높은 이윤율로 사용될 수 있기 때문이다.[2]

따라서 왜 자본수출이 자본주의 발전의 거의 모든 역사를 통해 관찰되는지를 쉽게 이해할 수 있다. 그럼에도 지난 수십 년 동안 자본수출은 이전과는 비교할 수 없을 정도로 매우 중요한 의미를 갖게 됐다. 심지어 국가들 사이에 새로운 형태의 경제 관계가 일정 정도 만들어졌다고 말할 수 있다. 국제경제 교류에서 이런 형태[자본수출]가 차지하는 비중이 그만큼 증대한 것이다.

여기에는 두 가지 원인이 작용했고 또 작용하고 있다. 첫째, 기술이 끊임없이 거대한 진보를 이뤄 생산력이 높아지면서, 대규모 자본주의 생산이 발전하고, 운송 수단이 유례없이 발전하고, 유통수단이 전반적으로 개선돼 자본회전이 빨라진 덕분에 자본축적이 엄청난 속도로 이뤄진다. 투자처를 찾는 자본의 양이 엄청난 규모에 이르게 된다. 한편 자본의 현대적 조직인 카르텔과 트러스트는 생산량을 일정 수준에 고정시켜 자본 투하에 일정한 제한을 가하는 경향이 있다. 카르텔화하지 않은 생산 부문에 대한 자본 투하는 갈수록 불리해진다. 왜냐하면 독점 조직이 카르텔화하지 않은 생산 부문을 희생시켜 카르텔적 특별 이윤을 획득하고 이윤율 저하 경향을 극복할 수 있기 때문이다. 매년 생산되는 잉여가치 가운데 카르텔화하지 않은 생산 부문에서 생산되는 일부는 자본주의적 독점의 공동 소유자들에게 이전되는 반면 외부자[비독점 자본가]의 몫은 끊임없이 감소한다. 이 모든 과정이 자본을 해외로 내몬다.

둘째, 높은 관세가 상품의 해외 진출에 커다란 장애물이 된다. 대량생산과 대량 과잉생산 때문에 해외무역의 성장이 필요하지만, 해외무역은 높은 관세율이라는 형태의 장벽에 부딪힌다. 해외무역이 계속 성장하고 해외 판매가 증가하는 것은 사실이다(이것은 [관세장벽이라는] 장애물을 무릅쓰거나 거슬러서 일어난다). 그렇다고 관세가 어떤 작용도 하지 않는 것은 결코 아니다. 관세의 영향은 가장 먼저 이윤율에서 나타난다. 관세장벽은 **상품 수출**에는 커다란 장애물이지만, **자본수출**에는 조금치도 장

애가 되지 않는다. 다른 조건이 동일하다면, 관세가 높을수록 본국에서의 자본도피[자본수출]도 그만큼 커질 것이다. 이 점은 분명하다.

> 산업 보호[! — 부하린]는 외국인이 관세 경계 안에서 공장을 세우도록 유인하는 자극이 되지 않는다. [관세가 상당히 높아져] 해외 제조업자나 수입업자가 자신의 매출 가운데 일부나 전부를 잃게 될 때 비로소 그가 해외에 공장을 건설하는 — 언제나 큰 비용과 위험이 따른다 — 시점이 온다. 이런 작용을 하는 과중한 관세는 1890년과 1897년 미국 매킨리 법안과 딩글리 법안에 포함됐으며, 1877년, 1881년, 1885년, 1891년 러시아의 법률과 1881년, 1892년 프랑스 법률에 포함됐다.[3]

관세는 다른 방법으로도 자본수출에 영향을 준다. 즉, 관세 자체가 자본가에게 유혹이 된다. 이미 자본이 수입되고 '외국'에서 자본으로 기능하기 시작하는 한, 그 자본은 토착 기업가의 자본과 동일한 관세 '보호'를 받는다.[4] 이것도 자본수출 경향을 상당히 강화한다.

그러나 자본수출을 그것에 수반하는 매우 중요한 경제적·정치적 현상들과 무관하게 그 자체로만 파악해서는 안 된다. 이 현상들 가운데 가장 중요한 몇 가지를 살펴보자.

예컨대, 국채와 지방채의 경우 채권국은 선대한 금액의 이자만 받는 것이 아니다. 일반적으로 차관 체결에는 많은 의무 조항이 따른다. 첫째로, [채무국은] 채권국에게 (무기, 군수품, 장갑차, 군함, 철도 장비 등의 구입을) 발주할 의무와 철도망과 트램[시가전차] 노선, 전신 및 전화선 건설, 항만 건설, 광산 채굴, 산림 개발 등을 위한 이권을 내줄 의무가 있다. 이런 약속은 차관 계약 자체에 하나의 조건으로 포함되거나 '일의 진행 과정' 전체의 피할 수 없는 결과로 나타나거나 둘 중 하나다. 한 사례로, 1913년에 페르시아 정부가 러시아의 우체트노수드노무반쿠페르시(페르시아할인·대부은행)에 부여한 줄파-타브리즈 구간의 철도 건설 이권에 대한 기록을 보자.

> 궤도 폭은 러시아의 것을 따른다. 이권 유효기간은 75년으로 한다. 페르시아 정부는 35년이 지난 뒤에 이 철도를 다시 매입할 권리를 갖는다. 이 경우 페르시아 정부는 투자된 모든 자본에 5년치 이자를* 더해 — 이 철도 이권을 통해 이미 그만큼이 산출됐다면 — 되돌려 줄 의무가 있다. 은행은 이 이권을 기초로 철도의 양쪽 각 60베르스타[약 64킬로미터]** 이내에서 석탄과 석유 광산을 개발

* 영어판에는 '5퍼센트의 이자'로 돼 있다.

** 베르스타 러시아의 옛 거리 단위로 1베르스타는 1.067킬로미터다.

할 권리와 이들 광산까지 [철도] 지선을 건설할 권리를 갖는다. 은행은 타브리즈-카즈빈 구간에 철도를 건설할 우선권과, 8년 안에 이들 지점 사이에 경편철도를 건설할 독점권과, [경편]철도의 양쪽 각 60베르스타 이내 지역의 석탄과 석유 매장층을 개발할 독점권을 갖는다. 이권 소유자의 이익을 위해 철도 건설에 지출된 총자본의 7퍼센트에 해당하는 금액을 이윤에서 공제하고 남은 순이익은 이권 소유자와 페르시아 정부에 공평하게 분배한다. 이권 소유자는 석유와 석탄 채굴에서 얻는 순이익의 5퍼센트를 페르시아 정부에 지불한다. 이권 소유자의 모든 기업은 언제나 페르시아의 모든 조세와 부과금을 면제받는다.[5]

국가권력은 외국 채권과 외국 유가증권 일반의 상장을 금지하는 '조치'를 취할 수도 있다. 그래서 프랑스 재무부는 1880년 2월 6일의 특별법에 따라 외국 유가증권 거래를 금지하고 외국 채권의 프랑스 거래소 상장을 금지하는 권한을 갖게 됐다.(1909년 프랑스 정부는 아르헨티나에 대한 차관 제공을 거부했다. 아르헨티나가 1908년에 [프랑스의] 슈나이더크뢰조가 아닌 [독일의] 크루프에 발주했기 때문이다. 1909년에 프랑스 정부는 자국에 대한 발주 보증이 불충분하다는 이유로 불가리아에 대한 차관을 거부했다. 뒤에 이 차관은 오스트리아와 독일의 은행신디케이트에 넘어갔다. 프랑스는 40년 동안 독일 국채 상장을 허용하지 않았다. 1910년 9월에는 헝가리에 대한 차관을 거부했다. 세르비아에 대한 차관은 슈나이더사에 대한 발주를 조건으로 체결됐다. 1905년 혁명 이후 러시아 정부는 차관의 대가로 프랑스에 군함을 발주했다 등.)[6]

발주와 이권 외에도 차관 승낙의 조건으로 통상조약에 일정한 양보를 포함하기도 한다.(예컨대, 1905년 9월 16~29일 체결해 1917년까지 이어진 러시아와 프랑스의 통상조약, 1908년 12월 2일 체결한 스웨덴과 프랑스의 조약, 1908년 프랑스와 덴마크의 협정, 1911년 8월 19일 체결한 프랑스와 일본의 관세조약을 보라. 또 1909년 미국의 페인 관세가 포도주, 실크, 자동차에 부과한 높은 관세의 보복 조처로 프랑스가 [미국] US스틸 주식의 파리 거래소 상장을 거부한 것도 비교해 보라.)[7]

마지막으로, 개인이나 산업 기업 또는 은행의 자본수출은 본국의 상품 수출도 증가시킨다. 왜냐하면 기업의 해외 설립은 그 자체로 일정한 수요를 나타내고 이들 기업은 자신의 활동을 통해 주로 자신에게 의존하는 시장을 확대하기 때문이다. 앞에서 살펴 봤듯이, '재외' 기업은 거대은행이나 은행신디케이트에게 융자를 받아 거대한 경제력을 휘두르는 기업임을 명심해야 한다.[8] 사례를 들어 보자. 아프리카의 독일 식민지 카메룬은 영토의 3분의 1이 사적 소유자의 수중에 있으며, 단 두 기업이 이 사유지의 대부분을 소유하고 있다. 남카메룬사는 770만 헥타르를 소유하고 있다. 남서카메룬사는* 880만 헥타르의 땅을 소유하고 있는데, 이는 작센 왕국(150만 헥타르) 면적의 6배에 달하며 바이에른 전체 면적(760만 헥타르)보다도 크다.[9] 자본가는 사유지를 전혀 소유하지 않더라도 금융 권력을 휘두른다. 도이체방크는 바그다드 철도를 건설할 때 터키의 철도 건설에 필요한 원자재를 [현지가 아닌] 독일에서 조달할 뿐 아니라, 독일 상품 자체가 쉽게 침투할 수 있도록 전체 시장 관계망을 만들어 낸다. 이렇게 자본수출은 이 자본의 본국에서 생산 활동을 하는 산업에게도 유리한 조건들을 만들어 낸다.

자본수출은 열강들 사이의 관계를 상당히 날카롭게 만든다. 먼저 투자 기회를 둘러싼 투쟁, 즉 이권 등을 둘러싼 투쟁은 언제나 군사적 압력의 뒷받침을 받는다. 열강 금융 자본가들의 정략의 대상이 되는 모든 정부와 모든 '국가'는 일반적으로 경쟁 열강들 가운데 군사적 관점에서 가장 강력해 보이는 국가에 굴복한다. 지금 일부 평화주의자들(특히 영국 평화주의자들)은 논리적 주장으로 지배계급을 설득할 수 있다고 믿고 있다. 상품이 판매 시장을 찾는 것은 보유한 드레드노트[전함]** 수와 관계

---

* 독일어판은 '북서카메룬사'로 돼 있다.

** 드레드노트 1906년 영국에서 최초 건조돼 20세기에 널리 제작된 전함의 형태. 드레드노트의 등장은 새로운 군비 경쟁(특히 영국과 독일 간의)을 촉발시켰다.

가 없으니 군비를 축소해도 된다고 지배계급을 설득할 수 있다고 믿는다. 만일 그들이 그렇게 믿고 있다면 결국에는 크게 실망할 것이다. 전쟁 전에도 추구됐고 전쟁 후에도 추구될 '평화' 정책은 언제 어디서든 군사적 위협으로 뒷받침됐기 때문이다. 영국인 저술가 브레일스퍼드가 옳게 지적하듯이, "강철과 황금을 위한 끝없는 전쟁은 평화로울 때조차 단 1분도 멈추지 않는다."[10] 중요한 독일 제국주의 이론가인 자르토리우스는 격화하는 경쟁의 분위기를 더욱 분명하게 묘사하고 있다.

> 전 세계 산업이 발전하고 있음은 하나의 사실이며, 모든 세계경제 정책은 이 사실을 고려해야 한다. … 이 발전 과정은 아무도 막을 수 없다. 어떤 국가가 자국민이 타국에 기업을 설립하지 못하게 금지한다면, 그 기회를 틈타 제3국 기업가가 이익을 볼 뿐이다. 따라서 적절할 때 손을 써야 한다. … 경제의 세계에는 현상 유지가 없다. 하나의 혁신이 또 다른 혁신을 재촉한다. 강력한 국민에게는 개입의 기회가 끊임없이 주어진다. "카르페 디엠(눈앞의 기회를 잡아라)", 이 문구가 여기서도 꼭 들어맞는다.[11]

그러나 군사력으로 압박해 이권과 갖가지 특권을 손에 넣는다 해도 자본이 해외에서 그 이후로도 계속 활동하려면 특별한 '보호'가 필요하다. 예전에는 상품 수출이 중심이었고 수출업자는 자신의 상품, 즉 유동자본만을 위험에 노출시켰다. 이제는 상황이 완전히 변했다. '외국'에서 거액의 자금이 활동하고 있다. 주된 형태는 고정자본이며, 수천 킬로미터로 뻗은 철도, 많은 비용이 드는 전력 기업, 대규모 농장 등 거대한 설비에 투자되고 있다. [자본] 수출국의 자본가들은 자신들의 부를 '보호'하는 데 가장 커다란 관심을 기울인다. 따라서 그들은 축적을 계속할 수만 있다면 무슨 일이라도 할 것이다.[12]

착취당하는 국가가 군사적으로도 취약하면, 자본의 '평화적 침투'가 급속하게 '평화적' 점령 또는 분할로 전환되거나 투자처를 노리고 경쟁하려는 국가들 사이의 무력 투쟁으로 번진다. 이런 점에서 프랑스와 독일의 경쟁에 영향을 받고 있는 터키의 운명은 지극히 전형적이다. 구체적 설명을 위해 [제1차]세계대전 훨씬 이전에 출판된 프랑스 제국주의자와 독일 제국주의자의 글을 인용하겠다.

> 터키제국에는 독일인 무리가, 독일인 무역상과 판매상이 넘쳐난다. … 이렇게 해서 독일 은행들의 그물망은 점차 터키제국 전역으로 확장되고, 산업을 부양하고, 운송 수단을 장악하고, 외국 금융기관과 경쟁하고 있다. … 요컨대, 이 은행들은 **자신들이 누리는 강력한 정치적 지지 덕분에** [동부 지중해 연안의] 레반트 전역에서 독일의 영향력을 결정적으로 확립하기 위해 노력한다[강조는 나의 것 — 부하린].[13]

프랑스의 한 부르주아는 이렇게 '독일인 무리'에 대한 분노를 표현했다. 그러나 독일인도 이와 마찬가지로 분노한다.

프랑스인은 수십 년 전부터 터키마저 자신들의 채무노예로 만들려고 조직적으로 노력해 왔다. 프랑스인이 총액 22억 프랑을 터키에 빌려준 것은 이 때문이다. 이 금액 가운데 철도 건설에만 약 5억 프랑이 투자됐다. 그래서 프랑스는 지금도 다른 어떤 국민[국가]보다 많은 철도를 터키에 건설하고 있다. 터키의 가장 중요한 해안 도시의 항만 설비는 프랑스인의 수중에 있다. 예컨대, 콘스탄티노플,* 살로니카,** 스미르나,*** 베이루트의 항만 설비 말이다. 프랑스인은 터키 해안의 등대조차 장악했다. 마지막으로, 콘스탄티노플에서는 터키의 가장 중요한 은행인 오스만은행이 프랑스의 완전한 영향력 아래 활동하고 있다. 이렇게 강력한 자본의 압력을 정치적으로 거부할 수 있는 사람이 어디에 있겠는가! 프랑스 외교는 프랑스의 이런 우월한 위치를 (특히 최근에) 최대한 이용하고 있다.[14]

자본수출이 오늘날과 같이 거대해지고 중요해진 것은 분명히

---

* 독일어판에는 콘스탄티노플에 대한 언급이 없다.

** 살로니카 그리스 북부 항구도시 테살로니키의 다른 이름.

*** 스미르나 터키 서부의 항구도시 이즈미르의 옛 이름.

최근 수년에 걸친 경제 발전의 특수성 때문이다. 현대 자본주의 조직 형태의 확장이라는 관점에서 보면, 자본수출이란 강대국의 독점기업들이, 또는 — 이 과정 전체를 본다면 — 조직된 '국민적' 산업, '국민적' 금융자본이 새로운 투자처를 장악하고 독점하는 것과 다름없다. 자본수출은 금융 집단이 경제정책을 펴는 가장 편리한 방법이다. 자본수출이 새로운 지역을 가장 쉽게 종속시키기 때문이다. 이런 이유로 국가 간 경쟁 격화는 이곳[자본수출 영역]에서 가장 두드러진다. 이렇게 경제생활의 국제화는 이곳에서도 다툼의 문제를 화염과 칼로 해결하려는 상태로 필연적으로 나아간다.

8장

세계경제와 '국민'국가

1. 세계 자본의 재생산과 자본주의적 팽창의 근원
2. 동일한 현상의 세 가지 측면인 공산품의 과잉생산, 농산물의 과소생산, 자본의 과잉생산
3. 세계경제와 '국민'국가의 한계 사이의 모순
4. 금융자본의 정책으로서의 제국주의
5. 제국주의의 이데올로기

현대 사회의 태내에서 필연적으로 발생하는 '국민적' 부르주아지 집단들 사이의 갈등과 투쟁이 발전하게 되면, (사회 지배세력의 관점에서 봤을 때) 문제의 유일한 해결책인 전쟁으로 나아간다. 앞서 살펴봤듯이, 이런 갈등과 투쟁은 세계 자본의 재생산 조건들이 변화하기 때문에 일어난다. 수많은 적대적 요소

들 위에 세워진 자본주의 사회는 고통에 찬 급격한 전환을 통해 비로소 상대적 균형 상태에 이를 수 있다. 사회적 유기체의 다양한 부분들의 상호 적응과 전체에 대한 적응은 에너지의 거대한 비생산적 낭비를 통해서만 비로소 달성될 수 있다. 이런 적응을 위한 터무니없는 '대가'는 자본주의 사회 자체의 성격, 즉 발전 일반의 일정한 역사적 단계인 자본주의 사회의 성격에서 비롯한다.

우리는 현대 자본주의 국가를 침략 정책으로 이끄는 세 가지 기본 동력을 밝혀냈다. 그것은 판매 시장, 원료 시장, 투자처를 둘러싼 경쟁이 격렬해졌다는 것이다. 이것은 자본주의의 최신 발전과 금융자본주의로의 전환이 낳은 결과다.

그러나 금융자본의 정책을 낳는 이 세 가지 근본 원인은 결국 동일한 현상, 즉 생산력의 발전과 생산 조직의 '국민적' 한계 사이의 모순의 세 가지 측면을 나타낼 뿐이다.

실제로 공산품의 과잉생산은 동시에 농산물의 과소생산이다. 농산물에 대한 공업 부문의 수요가 너무나도 큰 경우에만 농산물의 과소생산 문제가 중요해진다. 다시 말해, 농산물과 교환되지 못하는 공산품의 양이 거대하고, 국민경제의 두 생산 부문 사이의 균형이 파괴됐을 때(갈수록 파괴되고 있다)만, 농산물의 과소생산 문제가 중요해진다. 그러므로 발전 과정에 있는 공업은 농업이라는 '경제적 보완물'을 찾는다. 이것은 자본주의적 조건 속에서는 — 특히 자본주의의 독점 형태인 금융자본이 존재할 경우에는 — 필연적으로 군사력을 통한 농업국 정복이라는 형태를 띠게 된다.

여기서는 상품 교환에 대해 언급했다. 그러나 자본수출도 결코 별개의 현상이 아니다. 앞서 살펴봤듯이, 자본수출은 자본의 상대적 과잉생산에 따른 것이다. 그러나 자본의 과잉생산 또한 상품 과잉생산의 또 다른 표현에 불과하다. 마르크스는 다음과 같이 썼다.

> 자본의 과잉생산은 자본으로서 기능할 수 있는 — 즉 어느 주어진 착취도에서 노동의 착취에 사용될 수 있는 — 생산수단(노동수단과 생활수단)의 과잉생산 이외에 아무것도 아니다. … 더욱이 자본은 상품으로 구성돼 있으며 따라서 자본의 과잉생산은 상품의 과잉생산을 의미한다.[1]

반대로 자본의 과잉생산이 줄어들면 상품의 과잉생산 규모도 감소한다. 따라서 자본수출은 자본의 과잉생산을 감소시키고 동시에 상품의 과잉생산도 감소시킨다.(다음을 주의 깊게 봐야 한다. 예컨대, 철근이 해외로 수출돼 판매되는 것은 단순한 상품 수출이다. 그러나 이 철근을 생산하는 기업이 외국에 공장을 짓고 설비를 갖추기 위해 자사[본국] 상품을 수출하는 것은 자본수출이다. 이를 구별하는 기준은 구매와 판매라는 거래가 이뤄졌는지 여부다.)

한편 상품 형태의 자본수출이 상품 과잉생산을 단순히 감소시키는 것 말고도 자본수출과 상품 과잉생산 사이에는 더 깊은 관계가 있다. 오토 바우어는 이 관계를 대단히 잘 정식화했다. 그는 다음과 같이 썼다.

> 따라서 경제적 후진국이 어떤 유럽 자본가계급의 착취 아래 종속되는 것은 두 측면으로 영향을 준다. **직접적으로** 그것은 식민지 내부에 자본을 위한 새로운 투자처를 만들어 내며 지배국 산업에 전보다 더 많은 판매 기회를 부여한다. **간접적으로는** 지배국 내부에서도 자본을 위한 새로운 투자처가 만들어지고 모든 산업이 전보다 더 많은 판매 기회를 얻게 된다.[2]

이렇게 이 문제를 전체적으로 관찰하고, 또 현대 사회의 존재 조건에 대한 적응 능력이라는 객관적 관점에서 관찰한다면, 다음의 사실을 알 수 있다. 즉, **세계적 규모로** 발전한 사회경제적 토대와 이 사회의 독특한 **계급 구조** — 지배계급(부르주아지)이 서로 모순된 경제적 이해관계를 갖는 '국민' 집단으로 분열해 있는 구조 — 사이에 부조화가 증대하고 있다. 이들 '국민' 집단은 세계 프롤레타리아에 맞서 함께 대항하는 동시에 전 세계에서 생산되는 잉여가치의 분배를 둘러싸고 서로 경쟁한다. 생산은 사회적 성격을 띤다. 국제분업은 다양한 개별 '국민[경제]'을 거의 모든 인류를 포함하는 거대한 보편적 노동과정의 일부로 만든다. 그러나 착취는 '국민'국가적 착취의 성격을 띤다. 착취의 수혜자는 금융자본주의적 부르주아지의 거대한 국가 집단이다. 생산력 발전은 국경이라는 좁은 틀 안에서 일어나지만, 이미 국경의 틀을 넘어섰다. 이런 조건 아래에서 충돌은 피할 수 없다. 이런 충돌은 자본주의적 토대 위에서 폭력적이고 유혈 낭자한 수단으로 국경을 확장함으로써 해결된다. 그러나 이것은 거듭 새롭고 더 강력한 충돌을 수반한다.

이런 모순의 사회적 대표자는 대립하는 이해관계 속에서 국가로 조직된 다양한 부르주아지 집단이다. 세계 자본주의의 발전은, 한편으로 경제생활의 국제화와 경제적 균등화를 가져온다. 그러나 다른 한편으로 — 그리고 헤아릴 수 없을 정도로 — 이런 경제 발전 과정은 자본주의적 이해관계의 '국가화' 경향을 강화하고 협소한 '국민적' 집단을 형성한다. 이 집단은 머리끝부터 발끝까지 무장하고, 언제든 서로를 공격할 준비가 돼 있다. 힐퍼딩은 누구보다 탁월하게 현대 [금융자본] 정책의 기본 목표를 설명했다. 그는 다음과 같이 말했다.

이렇게 금융자본의 정책은 세 가지 목표를 추구한다. 첫째는 가능한 많은 경제적 영토를 확립하는 것이고, 둘째는 보호관세 장벽을 만들어 이 영토를 해외 경쟁에서 차단하는 것이고, 셋째는 이 영토를 국민적 독점기업의 착취 영역으로 만드는 것이다.[3]

경제 영토의 확장은 '국민적' 카르텔에게 농업 지역을, 따라서 원료 시장을 가져다준다. 또 판매 시장과 투자처를 확대해 준다. 관세정책은 외국 경쟁자를 억제할 수 있게 해 주고, 추가 이윤을 얻을 수 있게 해 주며, 덤핑이라는 파성퇴를* 사용할 수 있게 해 준다. 이 '체제' 전체가 독점 조직의 이윤율 증대를 쉽게 만든다. **금융자본의 이런 정책, 그것이 제국주의다.**

이 정책은 폭력적 방식을 전제한다. 국가의 영토 확장은 전쟁을 의미하기 때문이다. 그렇다고 이 명제의 역이 성립하는 것은 아니다. 즉, 모든 전쟁과 영토 확장이 제국주의 정책을 전제한다는 명제는 성립하지 않는다. 그 전쟁이 (앞서 언급한 의미의) 금융자본의 정책이 표현된 것인지가 결정적 요소다. 언제나 그렇듯 이 경우에도 일부 중간적 형태가 있지만 그렇다고 해서 결코 기본적 규정을 훼손하지는 못한다. 가령, 저명한 이탈리아 경제학자이자 사회학자인 아킬레 로리아의 다음과 같은 시도는 근본에서 틀렸다. 그는 제국주의에 대한 두 가지 개념을 세우려

---

* 파성퇴 성문이나 성벽을 부수는 데 쓰였던 나무 기둥처럼 생긴 무기.

했다. 그의 주장에 따르면, 제국주의는 "완전히 이질적인 관계"를 내포한다. 로리아는 "경제적 제국주의"와 "상업적 제국주의"를 구분한다.[4] 전자의 대상은 열대 국가이고, 후자는 유럽 식민지화에 적합한 조건을 갖춘 나라다. 전자의 방식은 무력이지만, 후자는 평화로운 협정이다. 전자에는 어떤 미묘한 차이도 단계도 없지만, 후자에는 차이가 있다. 후자에는 완전한 동화同化나 단일한 관세동맹이라는 최대치와 나란히 식민지와 본국 간 특혜관세 등과 같은 불완전한 결합도 있기 때문이다.

이것이 로리아의 이론이다. 그러나 완전히 엉터리다. 앞서 살펴봤듯이, '상업적' 제국주의도 '경제적' 제국주의도 근본에서는 동일한 경향의 표현이다. 폐쇄적 관세장벽이나 관세 인상은 어떤 순간에는 아직 무력 충돌을 일으키지 않지만, 다음 순간에는 충돌을 부를 것이다. 따라서 '평화협정'과 '무력'은 대립하지 않는다(영국과 그 식민지 사이의 평화협정은 영국과 다른 국가들의 첨예한 관계를 의미한다). 마찬가지로, '경제적' 제국주의가 오로지 '열대 국가'에 국한된다고 단언할 수도 없다. 가장 좋은 증거는 벨기에와 갈리치아의 운명이며,* 남아프리카와 중국과 터키와 페르시아가 앞으로 따르게 될 운명이다.

---

* 제1차세계대전 당시 벨기에는 독일에 점령당했고, 갈리치아는 독일·오스트리아와 러시아 양측에 번갈아 점령당하다가 폴란드 영토가 됐다.

요약해 보자. 세계 자본주의 생산력은 최근 수십 년 동안 비약적으로 발전했다. 대량생산이 어디서든 경쟁에서 승리했고 '자본 귀족'을 철갑 조직으로 결속했다. 이 조직은 경제생활 전체를 장악했다. 주권을 행사하고 있는 것은 금융과두제다. 금융과두제는 생산을 지배하고 있고, 은행이 생산을 하나의 매듭으로 결합했다. 이런 생산의 조직화 과정은 아래로부터 추진돼 현대 국가의 틀 속에 단단히 뿌리내렸다. 현대 국가는 금융자본의 이익을 직접 표현한다. 자본주의적으로 발전한 '국민경제'는 모두 일종의 '국민'국가적 트러스트로 변모했다. 한편 세계경제의 경제적으로 발전한 부분의 조직화 과정은 이 부분들 간의 이례적 경쟁 격화를 수반했다. 대기업 성장의 결과인 상품의 과잉생산, 카르텔의 수출 정책, 자본주의 열강의 식민정책과 관세정책의 결과인 판매 시장의 축소, 엄청나게 발전한 공업과 뒤처진 농업 사이의 불균형 증대, 마지막으로 어마어마한 자본수출 증가와 '국민적' 은행신디케이트에 의한 모든 지역의 경제적 종속화, 이 모든 것이 '국민적' 자본 집단 간 이해관계 대립을 절정으로 치닫게 한다. 이 집단들은 국가조직의 강력한 힘, 특히 육군과 해군에서 최종적으로 의지할 곳을 찾는다. 국가의 강력한 군사력이 강대국들 간 투쟁의 마지막 수단이다. 세계시장에서 투쟁할 능력은 '국민[국가]'의 힘과 결속력, 군사적·금융적 수단에 의존한다. 자급자족적인 국가적·국민적 경제 통합체, 자신의 세력을 한없이 확장해 최종적으로 세계를 지배하려는 통합체, 그것이 금융자본이 만들어 낸 이상이다.

> 그[제국주의자]는 날카롭고 또렷한 눈으로 민족들의 혼전混戰을 응시하고, 모든 민족의 우위에 선 자국 국민을 바라본다. 이 국민은 현실의 것이다. 이 국민은 강력한 국가, 갈수록 크고 강력해지는 국가 안에서 생활하고 있으며, 그는 이 국민을 향상시키고자 모든 노력을 바칠 수 있다. 이렇게 개인의 이익은 더 높은 일반적 이익을 위해 희생된다. 일반적 이익은 생존 능력을 가진 모든 사회적 이데올로기의 조건을 결정한다. 인민과는 무관한 국가와 국민 자체가 하나의 통합체로 결합돼 국민적 이념은 정책을 위한 추진력으로 이용된다. 계급 대립은 전체에 대한 봉사 속에 사라지고 지양된다. 유산계급에게 도망갈 곳 없는 위험한 계급투쟁 대신 국민적 위대함이라는 동일한 목표를 향한 통합된 국민의 공동 행동이 나타났다.[5]

이렇게 해서 금융자본의 이익은 위대한 이데올로기적 표현[공식화]을 얻는다. 이 이데올로기를 노동계급에게 이식하기 위해 모든 수단이 동원된다. 한 독일 제국주의자가 그의 관점에서 매우 옳게 지적했듯이, "우리는 그저 병사들의 다리만이 아니라 병사들의 정신과 마음도 지배해야"[6] 하기 때문이다.

3부

자본주의 경쟁의 확대재생산으로서의 제국주의

9장
역사적 범주로서의 제국주의

1. 제국주의에 대한 천박한 해석
2. 사회생활에서 정치의 구실
3. 사회과학에서 분류의 방법론
4. 역사적 범주로서 금융자본의 시대
5. 역사적 범주로서의 제국주의

앞에서 우리는 제국주의 정책이 역사적 발전의 일정한 단계에 비로소 등장한다는 것을 보여 주려 했다. 자본주의의 많은 모순이 여기서 하나의 매듭으로 연결돼 있다. 이 매듭은 간혹 전쟁이라는 칼로 끊어지지만, 다음 순간에는 다시금 더욱 강고하게 연결된다. 따라서 이런 발전 단계에 필연적으로 등장하는 지배계급의 정책과 이데올로기는 특수한 현상으로 규정돼야 한다.[1]

지금 시장에 넘쳐 나는 문헌 가운데 두 가지 자칭 제국주의 '이론'이 유행하고 있다. 하나는 현대 침략 정책을 인종 간 투쟁으로 본다. 예컨대, '슬라브족'과 '튜턴[게르만]족'의 투쟁 말이다. 저자들은, 자신들이 속한 집단에 따라 배분 방식은 다르더라도, 모든 악덕과 미덕을 '인종'에 따라 배분한다. 이 '이론'은 완전히 낡고 천박하지만, 강력한 편견과 함께 오늘날까지 유지되고 있다. 지배계급의 '국민적 자각'이 성장하면서 이 이론에 매우 유리한 환경이 조성되기 때문이다. 지배계급은 낡은 심리적 분류의 유물을 금융자본의 국가조직의 이익을 위해 사용하는 데 직접적 관심이 있다.

이 이론은 단지 몇 가지 사실을 지적하는 것만으로도 모든 근거를 잃고 전체 구조가 산산이 무너질 것이다. 앵글로색슨족은 게르만족과 기원이 같지만 가장 잔혹한 적이다. 불가리아인과 세르비아인은 거의 같은 언어를 사용하고 모두 순수 슬라브족이지만, 서로 다른 참호에서 대치하고 있다. 사례는 더 있다. 우리는 폴란드인 중에 열렬한 친親오스트리아파와 열렬한 친親러시아파를 모두 볼 수 있다. 우크라이나인도 마찬가지다. 그들 가운데 일부는 러시아인에 공감하고, 일부는 오스트리아인에 공감한다. 한편 교전 중인 두 연합[동맹국과 연합국] 진영은 모두 매우 다양한 인종과 민족과 종족을 규합하고 있다. 인종적 관점에서 봤을 때, 예컨대 영국인, 이탈리아인, 러시아인, 스페인인 그리고 프랑스 식민지에서 온 검은 피부의 야만인 사이에 서로 공통된 무언가가 있는가?[*](흡사 고대 로마인이 자신의 식민지 노예들에게 그랬듯이, '영광스러운 공화국' 프랑스는 자국 식민지의 검은 피부의 야만인을 사지로 내몰고 있다.) 독일인과 체코인, 우크라이나인과 헝가리인, 불가리아인과 터키인은 함께 협상국[연합국]에 맞서 싸우지만, 그들 사이에 무슨 공통점이 있는가?[**] 완전히 명백하게도, 이 투쟁을 이끄는 것은 인종이 아닌 특정 부르주아지 집단의 국가조직이다. 또 완전히 명백하게도, 많은 강대국을 어느 하나의 그룹으로 통합할 때 결정적으로 중요한 것은 일치된 인종적 목표가 아니라 특정한 순간의 일치된 자본주의적 목표다. 최근까지 터키에 맞서 함께 투쟁하던 세르비아인과 불가리아인이 지금은 서로 적대하는 진영으로 나뉘어 있는 것은 바로 이 때문이다. 한때 러시아의 적이었던 영국이 지금은 러시아를 자신들의 영향 아래 둔 것도 이 때문이다. 마찬가지로, 일본 자본은 불과 10년 전만 해도 무기를 들고 러시아 자본과 싸웠지만, 지금은 러시아 부르주아지와 손을 맞잡고 전진하고 있다.[2]

---

* 3국협상(연합국) 1907년에 형성된 영국, 프랑스, 러시아의 연합. 제1차세계대전 발발 후 이탈리아, 일본 등이 가담했다. 스페인은 참전하지 않았다.

** 3국동맹(동맹국) 1882년에 형성된 독일, 오스트리아-헝가리, 이탈리아의 동맹. 제1차세계대전 발발 후 이탈리아가 이탈하고 불가리아, 오스만제국 등이 가담했다.

순전히 과학적이고 사실을 왜곡하지 않는 관점에서 본다면, 이 이론이 근거가 없음은 명백하다. 이 이론은 노골적 거짓인데도 출판물과 강단에서 부지런히 옹호되고 있다. 여기에는 '충분한 근거'가 있다. 이 이론의 주인인 자본에게 작지 않은 이익을 약속하기 때문이다.[3]

그러나 공정하게 말하자면 다음을 지적해야 한다. 군국주의 국가의 강철 주먹 아래 다양한 '인종'이 점차 국가적으로 결속되고 통합되면서, 제국주의적 '지식인'들 사이에서 영토적·심리적 이론을 확립하려는 시도(앞의 이론만큼 천박하진 않지만 마찬가지로 조금치도 지지할 수 없는 시도)가 나타난다. 여기서는 '인종'의 자리를 '중부유럽인'이나 '미국인' 등의 '인류'가 대신한다.[4] 이 이론도 진리와는 거리가 너무 멀다. 현대 사회의 주요한 특징인 계급 구조를 부정하고, 사회 상층부의 계급적 이익을 소위 '전체'를 위한 '공통'의 이익으로 날조하기 때문이다.

매우 널리 퍼진 또 다른 제국주의 '이론'은 제국주의를 침략 정책 일반으로 정의한다. 이 관점에서 보면, 마케도니아의 알렉산더대왕과 스페인의 [아메리카] 정복자들, 카르타고와 이반 3세,* 고대 로마와 현대 미국, 나폴레옹과 힌덴부르크의 제국주의가

---

* 이반 3세(1462~1505) 러시아 북동부로 영토를 넓혀 러시아제국의 기초를 다졌다.

동일하다고 말할 수 있다.

이 이론은 지극히 단순하지만 또한 완전히 틀렸다. 그것이 모든 것을 '설명'하기 때문이고, 다시 말해 아무것도 설명하지 않기 때문이다.

지배계급의 모든 정책은 (그것이 '순수'한 정책이든, 군사정책이든, 경제정책이든) 매우 명확한 기능적 의미가 있다. 이 정책들은 그에 대응하는 생산방식의 토양에서 생겨나, 주어진 생산관계의 단순재생산과 확대재생산 수단으로 기능한다. 봉건 지배자의 정책은 봉건적 생산관계를 강화하고 확대한다. 상업자본의 정책은 상업자본주의의 지배 범위를 확대한다. 금융자본주의의 정책은 금융자본의 생산적 기초를 더욱 광범하게 재생산한다.

매우 분명한 사실이지만, 이 점은 전쟁에도 적용된다. 전쟁은 일정한 생산관계를 재생산하는 수단이다. 침략 전쟁은 [생산]관계를 확대재생산하는 구실을 한다. 그러나 전쟁을 침략 전쟁으로만 정의하는 것은, 이 정의가 중요한 사실을 다루지 않는다는 단순한 이유 때문에 완전히 불충분하다. 즉, 이 정의는 전쟁이 어떤 생산관계를 강화하고 확대하는지, 특정한 '침략 정책'이 어떤 기초를 확대하는지 다루지 않으므로 불충분하다.[5]

부르주아 과학은 이를 보지 않으며 보지 않으려 한다. 부르주아 과학은 여러 '정책'을 분류하는 기초가 (정책을 만들어 내는) 사회경제에 있음을 이해하지 않는다. 게다가 경제 발전의 상이한 시대 사이에 존재하는 커다란 차이를 간과하는 경향이 있다. 오늘날 역사적·경제적 과정의 모든 특징이 아주 분명히 드러나고 있는데도, 더없이 비非역사적인 오스트리아학파와 영미학파가 부르주아 경제학에 둥지를 틀고 있다.[6] 정치 평론가들과 학자들은 '제국'을 건설했던 고대 영웅들의 '정책'과 오늘날의 제국주의가 같은 것인 양 묘사한다.

이것이 부르주아 역사가와 경제학자의 '방법'이다. 그들은 상업자본과 장인 계급의 맹아가 등장했던 '고대' 노예경제와 '현대 자본주의' 사이에 존재하는 차이를 지워 버린다. 그 목적은 지극히 명백하다. 그들은 노동자 민주주의를 고대 룸펜프롤레타리아나 노동자나 장인과 동렬에 놓아서, 노동자 민주주의에 대한 염원이 무의미하다는 것을 '증명'하려 한다.

순수한 과학적 관점에서 보면, 이 모든 이론은 지독히도 잘못됐다. 어떤 발전 단계를 이론적으로 이해하려면 그 단계의 특수성, 두드러진 특징, 오로지 그것만이 지닌 독자적 성격을 모두 이해해야 한다. '토런스 대령'처럼* 야만인이 든 곤봉에서 자본의 기원을 찾는 사람, '오스트리아학파'처럼 자본을 생산수단으로 정의하는(본질적으로 같은 것이다) 사람은 결코 자본주의의 발

---

* 로버트 토런스(1780~1864) 데이비드 리카도 시대의 정치경제학자이자 신문사 사주였으며, 국제무역의 비교우위론을 주장했다.

전 경향들 가운데서 길을 찾을 수 없을 것이다. 결코 그런 경향들을 하나의 통합적 이론으로 포괄할 수도 없을 것이다. 마찬가지로, 과거 침략 전쟁을 야기했던 여러 유형의 생산관계들과 현대의 생산관계(현대 자본주의 구조)를 동렬에 놓고 보는 역사가와 경제학자는 오늘날의 세계경제 발전을 조금치도 이해할 수 없을 것이다. 우리는 우리 시대를 특징짓는 특수한 요소들을 찾아내서 분석해야 한다. 그것이 마르크스의 방법이었다. 그리고 마르크스주의자는 이 방법을 통해 제국주의를 분석해야 한다.[7]

우리는 이제 이러저러한 정책들의 현상 형태만을 분석하는 데 갇혀서는 안 된다는 점을 이해한다. 예컨대, 어떤 정책을 '침략 정책', '팽창 정책', '폭력 정책' 등으로 정의하는 데 만족할 수 없다는 것이다. 어떤 정책이 만들어지는 토대, 그 정책이 확대하는 토대를 분석해야 한다. 우리는 제국주의가 금융자본의 정책이라고 정의했다. 이렇게 정의함으로써 우리는 이 정책의 기능적 의미를 밝혀냈다. 이 정책은 금융자본주의적 구조의 버팀목이며, 세계를 금융자본의 지배 아래 종속시킨다. 이 정책은 낡은 전前자본주의적 생산관계나 낡은 자본주의적 생산관계를 밀어내고 금융자본주의 생산관계를 발전시킨다.(금융자본을 화폐자본과 혼동해서는 안 된다. 금융자본의 특징은 은행자본인 동시에 산업자본이라는 것이다.) 금융자본주의가 최근 수십 년을 특징짓는 한정된 역사적 시대이듯이, 금융자본주의의 정책인 제국주의도 특수한 역사적 범주다.

제국주의는 침략 정책이다. 그러나 모든 침략 정책이 제국주의는 아니다. 금융자본은 침략 정책 말고는 어떤 정책도 채택할 수 없다. 따라서 우리는 금융자본의 정책인 제국주의를 논할 때 그것의 침략적 성격을 전제한다. 그러나 동시에 이 침략 정책이 어떤 생산관계를 재생산하려는지도 함께 지적한다. 게다가 이 정의는 다른 역사적 경향과 특징까지도 모두 포함한다. 실제로 금융자본을 논할 때 우리는 고도로 발전한 경제적 유기체를 전제하며, 따라서 일정한 범위와 일정한 정도의 국제 관계도 전제한다. 한마디로 우리는 발전한 세계경제를 전제한다. 동시에 우리는 일정한 발전 수준의 생산력과 경제생활 조직 형태, 계급들 사이의 일정한 상호 관계, 경제 관계의 일정한 미래 등을 전제한다. 심지어 투쟁의 형태와 수단, 국가권력의 조직, 군사기술 등도 다소간 일정한 실체로 전제한다. 반면에, '침략 정책'이라는 공식은 해적에게도, 대상[상인] 무역에도, 제국주의에도 들어맞는다. 다시 말해, '침략 정책'이라는 공식은 아무것도 정의하지 않는다. 그러나 '금융자본의 침략 정책'이라는 공식은 제국주의를 확실한 역사적 실체로 특징짓는다.

금융자본주의 시대가 역사적으로 한정된 현상이라고 해서 이 시대가 마치 신의 힘으로 돌연 이 세상에 나타난 것인 양 생각하는 것은 물론 틀렸다. 실제로 금융자본주의 시대는 산업자본주의 시대의 역사적 귀결이다. 후자가 상업자본주의 단계의 귀결인 것처럼 말이다. 그래서 자본주의 발전 과정에서 끊임없이 더욱 광범하게 재생산되는 자본주의의 기본 모순이 우리 시대에 특별히 더 첨예하게 나타나는 것이다. 경쟁이라는 형태를 띠는 자본주의의 무질서한 구조도 마찬가지다. 자본주의 사회의 무질서한 성격은 사회경제가 단일한 의지로 조직된 공동체가 아닌 교환을 매개로 서로 결부된 경제체제이기 때문에 발생한다. 또 이런 개별 경제들이 각자의 책임 아래 생산을 하고, 사회적 수요의 규모나 다른 개별 경제의 생산에 결코 적응할 수 없기 때문에 발생한다. 이런 이유로 개별 경제 사이의 투쟁이, 자본주의적 경쟁이 일어난다. 경쟁의 형태는 다양할 수 있다. 제국주의 정책도 경쟁의 특수한 형태 가운데 하나다. 다음 장에서는 제국주의 정책을 자본주의적 경쟁, 즉 금융자본주의 시대 경쟁의 특수한 사례로서 분석하고자 한다.

10장

세계적 규모로 벌어지는 자본의 집적·집중 과정의 재생산

1. 자본의 집적, 개별 기업의 자본집적, 트러스트의 자본집적, 조직된 '국민경제'('국가자본주의 트러스트')의 자본집적
2. 자본의 집중
3. 개별 기업 간 투쟁, 트러스트 간 투쟁, '국가자본주의 트러스트' 간 투쟁
4. 자본집중의 특수한 사례인 오늘날의 자본주의적 팽창, 유사한 구조의 흡수(수평적 집중), 농업 지역의 흡수(수직적 집중과 합병)

자본주의적 발전에서 가장 중요한 두 가지 과정은 자본의 집

적과 집중이다. 이 두 과정을 자주 혼동하지만, 엄밀하게 구별해야 한다. 마르크스는 이 두 개념을 다음과 같이 정의했다.

> 모든 개별 자본은 크든 작든 생산수단의 집적이며, 이에 대응해 크거나 작은 노동자집단을 지휘한다. 모든 축적은 새로운 축적의 수단이 된다. 자본으로 기능하는 부의 양이 증대함에 따라, 축적은 개별 자본가들의 수중으로 부의 집적을 증대시키며, 그리하여 대규모 생산의 토대와 진정한 자본주의적 생산방식의 토대를 확대시킨다. 사회적 자본의 증대는 다수의 개별 자본의 증대에 의해 이뤄진다. … 이런 유형의 집적은 **축적에서 직접 나오거나 또는 오히려 축적 그 자체와 동일한** 것인데, 이것의 특징은 다음과 같은 두 가지다. 첫째로 사회적 생산수단이 개별 자본가들의 수중으로 더욱더 집적되는 것은, 기타 조건이 같다면, 사회적 부의 증대 정도에 의해 제한된다. 둘째로 사회적 자본 중 각 특정 생산 부문에서 활동하는 부분은 서로 경쟁하는 독립적 상품생산자로 대립하는 많은 자본가들 사이에 분할돼 있다. … 사회적 총자본이 수많은 개별 자본으로 분열하거나 또는 그 분열한 조각들이 상호 배척[마르크스는 여기에서 자산의 분할 등을 염두에 두고 있다 — 부하린]하는 것은 그들 사이의 흡수에 의해 상쇄된다. 자본들의 흡수는 생산수단과 노동 지휘의 단순한 집적(축적과 동일한 의미의 집적)이 아니다. 그것은 이미 형성된 자본의 집적이며, 그 개별적 독립성의

> 파괴이고, 자본가에 의한 자본가의 수탈이며, 다수의 소자본을 소수의 대자본으로 전환시키는 것이다. 이 흡수 과정이 앞의 집적 과정과 다른 점은, 흡수 과정은 이미 존재하고 기능하는 자본들의 분배 변화만을 전제 … 한다는 점이다. 한곳에서 어떤 한 사람의 수중에 자본이 대량으로 증대하는 것은 다른 곳에서 많은 사람들이 자본을 잃어버렸기 때문이다. **이것이 축적·집적과 구별되는 진정한 집중이다**[강조는 모두 나의 것 — 부하린].[1]

요약해 보자. 집적이란 자본이 자신이 생산한 잉여가치를 자본화해 자기 증식하는 것이며, 집중은 다양한 개별 자본이 하나의 자본으로 통합하는 것이다. 자본의 집적과 집중은 다양한 발전 단계를 거친다. 우리는 이 단계들을 살펴봐야 한다. 여기서 우리는 두 과정, 즉 집적과 집중이 언제나 서로 영향을 주고받는다는 것에 유의해야 한다. 자본의 집적이 거대해지면 대기업의 소기업 흡수가 가속화된다. 반대로, 집중은 개별 자본의 축적을 강화하고, 따라서 집적 과정을 가속한다.

집적 과정의 초기 형태는 개별 기업의 자본집적이다. 이 형태는 19세기의 마지막 사반세기 동안 지배적이었다. 이때 사회적 자본의 축적은 경쟁자로서 서로 대립하는 개별 기업의 자본축적으로 나타났다. 주식회사가 발전함에 따라 수많은 개별 기업가의 자본을 이용할 수 있게 됐고, 기업의 개인 소유 원칙이 근본에서 무너졌다. 이것은 거대한 독점적 기업가 연합의 전제 조건을 만들어 냈다. 이때 자본의 집적은 또 다른 형태, 즉 트러스트의 집적이라는 형태를 취했다. 자본축적은 이제 개별 생산자의 자본이 아닌 기업가 연합의 자본을 증대시키는 수단이 됐다. 축적이 엄청난 속도로 이뤄졌다. 자본가 소집단의 필요를 훨씬 뛰어넘는 거대한 규모의 잉여가치가 자본으로 전화돼 운동의 새로운 순환에 투하된다. 그러나 발전은 여기에서 멈추지 않는다. 개별 생산 부문은 다양한 방식으로 결합돼, 대규모로 조직된 하나의 집단을 이룬 금융자본이 나라 전체를 강력하게 틀어쥔다. '국민경제'는 금융 집단과 국가가 형성한 하나의 거대하게 결합된 트러스트로 전화된다. 우리는 이 조직을 국가자본주의 트러스트라고 부른다. 물론, 국가자본주의 트러스트를 정확한 의미의 트러스트 구조와 동일시할 수는 없다. 후자는 훨씬 더 중앙집중적이고 훨씬 덜 무질서한 조직이다. 그러나 경제적으로 발전한 나라는, 특히 자본주의의 이전 단계와 비교하면 이미 어느 정도 높은 수준에서 일종의 트러스트와 같은 조직(우리 용어로는 국가자본주의 트러스트)으로 간주할 수 있는 상태에 이르렀다. 따라서 우리는 훨씬 더 큰 사회경제적 분야인 세계경제를 구성하는 부분으로서 국가자본주의 트러스트의 자본집적에 대해 논할 수 있는 것이다.

물론, 초기 경제학자들도 '일국의 자본축적'을 논했다. 예컨대, 애덤 스미스의 중요 저작[《국부론》]의 제목이 보여 주듯이, 그것은 그들이 즐겨 다룬 주제 가운데 하나였다. 그러나 당시 이 표현은 본질적으로 지금과 다른 의미였다. 당시의 '국민경제' 또는 '국가 경제'는 오늘날의 선진 자본주의 국가에서 주로 채택하고 있는 집합적 자본주의 기업, 하나로 거대하게 결합된 트러스트라는 의미가 결코 아니었다.

집적의 형태 변화와 함께 집중의 형태도 변화했다. 기업의 개인소유 형태가 일반적일 때는 개별 자본가들이 경쟁하며 서로 대립했다. '국민경제'와 '세계경제'는 비교적 소규모 단위인 이들의 총합에 불과했다. 이 단위들은 교환을 통해 서로 연결돼 있었고, 이들 사이의 경쟁은 대체로 '국민적' 틀 안에서 벌어졌다. 집중의 과정은 대자본가의 소자본가 흡수, 개인소유 대기업의 성장이라는 형태로 이뤄졌다. 대기업과 초超거대기업이 발전하면서 경쟁의 외연적 성격(일정한 지역적 경계[국경] 내에서 벌어지는 경쟁)은 점차 감소했고, 집중 과정과 함께 경쟁자 수도 감소했다. 그러나 경쟁의 강도는 크게 증대했다. 비교적 소수의 거대기업이 예전에는 상상할 수 없던 어마어마한 양의 상품을 시장에 쏟아 냈기 때문이다. 자본의 집적과 집중은 마침내 트러스트를 형성했다. 경쟁은 더 높은 단계에 이르렀다. 경쟁의 양상은 다수의 개인소유 기업 간 경쟁에서 소수의 거대한 자본주의적 연합들 — 복잡하고 상당히 계획된 정책을 추구하는 — 의 치열한 경쟁으로 바뀌었다. 마침내 한 생산 부문 전체에서 경쟁이 중단되는 시기가 도래한다. 그러나 여러 상이한 생산 부문의 신디케이트 사이에서 잉여가치의 분배를 둘러싸고 투쟁이 더 격렬해진다. 완제품을 생산하는 조직이 원료를 생산하는 신디케이트에 도전장을 내밀고, 반대의 경우도 일어난다. 집중 과정이 한 걸음씩 전진한다. 결합기업과 은행신디케이트가 전체 '국민' 생산을 통합한다. 전체 국민생산은 연합들의 연합 형태를 취하며 국가자본주의 트러스트로 전화한다. 경쟁은 가장 높은 발전 단계, 상상할 수 있는 마지막 발전 단계에 도달한다. 이 경쟁은 이제 세계시장에서 벌이는 국가자본주의 트러스트의 경쟁이 된다. '국민'경제의 경계 안에서 경쟁은 최소한으로 축소된다. 그러나 ['국민경제' 간] 경쟁은 과거 어느 역사적 시대에도 가능하지 않았을 만큼 강력하고 새롭게 타오를 것이다. 물론, '국민경제' 간 경쟁, 즉 '국민경제'의 지배계급 간 경쟁은 이전부터 있었다. 그러나 그것은 성격이 완전히 다른 경쟁이었다. '국민'경제의 내부 구조가 [오늘날과] 완전히 달랐기 때문이다. [이전 시대의] '국민경제'는 동질적이고 조직되고 경제적으로 놀라울 만큼 강력한 전체로서 세계시장에 등장한 것이 아니었다. 그 내부는 완전한 자유경쟁이 지배한 반면 세계시장에서 경쟁은 미미했다. 금융자본주의 시대인 오늘날은 모든 것이 완전히 달라졌다. 이제 무게중심은 거대하게 통합되고 조직된 경제 유기체들의 경쟁으로 이행하고 있다. 이 유기체들은 '모든 국민[국가]'의 국제적 경쟁에서 거대한 투쟁력을 발휘한다. 여기서 경쟁은 미친 듯이 잔치를 벌인다. 동시에 자본의 집중 과정도 변화해 더 높은 단계에 도달한다. 소자본을 흡수하고, 약체 트러스트를 흡수하고, 심지어 대형 트러스트를 흡수하는 것조차 나라 전체를 흡수하는 것에 비하면 아이들 장난과도 같다. 이 나라들은 그들의 경제적 중심에서 강제로 분리돼, 승리한 '국민국가'의 경제체제로 편입된다. 따라서 제국주의적 합병은 자본의 집중(국가자본주의 트러스트의 경쟁에 부합하는 가장 큰 규모의 자본집중)으로 나아가는 일반적인 자본주의적 경향의 특수한 사례일 뿐이다. 이 투쟁의 무대는 세계경제이며, 이 투쟁의 경제적·정치적 한계는 전 세계 트러스트, 즉 다른 모든 것을 흡수하고 승리한 금융자본에 복종하는 단일한 세계국가다. 이것은 과거 가장 열광적인 지배자조차 한 번도 꿈꿔 보지 못한 이상이다.

우리는 집중을 두 종류로 구별할 수 있다. 하나는, 한 경제단위가 유사한 종류의 경제단위를 합병하는 것이다. 다른 하나는 수직적 집중인데, 한 경제단위가 다른 종류의 경제단위를 합병하는 것이다. 후자에서 우리는 '경제적 보충' 또는 기업결합을 보게 된다. 세계적 규모에서 자본의 경쟁과 집중이 재생산되는 오늘날, 우리는 이 두 종류의 집중을 재발견하게 된다. 하나의 국가, 하나의 국가자본주의 트러스트가 자신보다 약하지만 유사한 경제구조를 지닌 다른 국가를 합병할 경우에는 자본의 수평적 집중이 일어난다. 그러나 국가자본주의 트러스트가 경제적으로 자신을 보충할 단위(예컨대 농업국)를 합병할 경우에는 기업결합이 만들어진다. [그러나] 이때조차 근본에서는 '국민경제' 틀 안에서 벌어지는 것과 동일한 모순과 동력이 작용한다. 특히, 원료 가격이 오르면 결합기업이 등장한다. 따라서 투쟁의 최고 단계에서도 여러 상이한 생산 부문들 사이의 동일한 모순이 더욱 확대된 규모로 재생산되는 것이다.

오늘날 세계경제의 구체적 발전 과정에서 이 두 가지 형태를 볼 수 있다. 수평적인 제국주의적 합병 사례는 독일의 벨기에 점령이며, 수직적 합병 사례로는 영국의 이집트 점령을 들 수 있다. 그럼에도 일반적으로 제국주의는 단순한 식민지 정복 정책으로만 다뤄진다. 이런 완전히 잘못된 개념이 한때는 어느 정도 정당한 것으로 간주되기도 했다. 이것은 부르주아지가 가장 손쉬운 길을 택해 '저항'이 약한 자유로운 나라들을 희생시켜 자신들의 영토를 확장하려 했기 때문이다. 그러나 이제 진정한 세계 재분할의 시대가 시작되고 있다. 한 나라의 틀 안에서 서로 경쟁하는 트러스트는, 처음에는 '제3자' 즉 [트러스트에 속하지 않은] 외부자를 희생시켜 성장하며 이들 중간 집단[외부자]을 쓰러뜨린 뒤, 비로소 서로를 향한 격렬한 투쟁을 시작한다. 마찬가지로, 국가자본주의적 트러스트들 사이의 경쟁도 다음과 같이 발전한다. 그들은 우선 자유로운 나라들에 대한 선점권을 놓고 서로 다툰다. 다음으로 식민지 재분할로 나아간다. 그리고 마침내 투쟁이 더욱 격렬해지면 본국 영토까지도 재분할 과정에 끌어들인다. 여기서도 발전은 가장 손쉬운 길을 따라 진행되며, 먼저 가장 약한 국가자본주의 트러스트가 지구상에서 자취를 감춘다. 이렇게 자본주의 생산의 일반 법칙이 작용한다. 이 법칙은 자본주의 생산 그 자체가 쇠퇴할 때만 쇠퇴할 것이다.

11장

경쟁적 투쟁의 수단과 국가권력

1. 개별 기업들 간의 투쟁 수단
2. 트러스트들 간의 투쟁 수단
3. 국가자본주의적 트러스트들 간의 투쟁 수단
4. 국가권력의 경제적 의의
5. 군국주의
6. 국가권력의 구조 변화

앞 장에서 살펴본 경쟁의 격화는 결국 다음과 같다. 즉, 비교적 작은 경제단위 사이의 경쟁은 소멸해 가지만, 비교적 큰 경제단위들의 경쟁은 격화한다는 것이다. 이 과정은 투쟁 방식의 흥미로운 변화를 수반한다.

개별 경제들 사이의 투쟁은 일반적으로 가격 인하 방식으로 진행된다. 작은 공장은 상품을 비교적 싸게 판매하고 자신들의 생활수준을 극도로 낮춘다. 자본가는 기술 향상과 임금 삭감 등을 통해 생산비를 삭감하려 노력한다. 트러스트 간 투쟁이 개별 기업 간 투쟁을 대체하면 (이 투쟁이 세계시장에서 벌어지는 한) 투쟁 수단이 일정하게 변화한다. 국내시장에서 낮은 가격이 사라지고 그 대신 높은 가격이 등장한다. 높은 가격은 해외시장에서 투쟁하는 데 유리하다. 해외시장에서 벌이는 투쟁의 수단은 국내시장의 높은 가격을 대가로 실현되는 [해외시장의] 낮은 가격이다. 관세와 철도 운임을 이용한 국가권력의 중요성이 커진다. 트러스트 — 이제는 국내시장과 해외시장에서 서로 대립하는 — 는 자신이 지닌 거대한 경제력 덕분에 특정 조건에서 다른 수단을 쓸 수도 있다. 가령 어떤 트러스트가 거대한 결합기업이라면, 다시 말해 철도·증기선·발전소 등을 소유해 국가 안의 국가를 형성한다면, 이 트러스트는 경쟁자를 상대로 매우 복잡한 정책을 취할 수 있다. 철도와 증기선 운임을 통제하거나, 전기 요금을 결정하는 등 말이다. 더 중요한 수단은 원료와 판매시장에 대한 접근을 방해하고, 신용 제공을 중단시키는 것이다. 원료에 대한 접근을 방해하는 방식은 주로 결합 카르텔이* 존재하는 곳에서 취해진다. 카르텔에 속한 기업이 생산하는 원료는

---

* 결합 카르텔 다른 종류의 산업에 속한 기업까지 포괄하는 카르텔을 의미한다.

'원칙적으로' 외부자에게 판매할 수 없다(소위 '배타적 단체 거래'). 판매 시장과 관련해서는, 카르텔 가맹 기업은 외부자에게 아무것도 구매하지 않는다는 의무를 진다. 그뿐 아니라, 일상적으로 카르텔의 상품을 구입하는 '제3자'에게도 카르텔의 압력 아래 이 의무가 주어진다(그 대신 이 '제3자'에게는 종종 특권이나 할인 가격 등이 제공된다). 마지막으로, 가격을 인하하거나 손해를 보고 판매하는 방식을 살펴봐야 한다. 이것은 경쟁자를 누르기 위해 사용하는 수단이다. 이때 트러스트는

> 기업 그 자체에서 이윤을 내려 하지 않는다. 투쟁의 목적은 오로지 경쟁자를 물리치는 것이다. 따라서 이것은 자체 생산비를 고려하지 않는 투쟁이다. 가격 인하의 한계는 생산비가 아니라 카르텔의 자본력과 신용 능력이 결정한다. 결국 문제는 카르텔 가맹 기업이 초기에 전혀 이윤을 내지 않는 투쟁을 얼마나 오래 지속할 수 있는지로 귀결된다.[1]

국내시장에서 이 방식은 경쟁자에게 다시는 재기할 수 없을 정도의 타격을 가하기 위해 사용된다. 해외시장에서 그것은 덤핑 강화를 의미한다. 그러나 훨씬 더 격렬한 투쟁 사례도 있다. 우리는 여기서 미국 트러스트들 사이의 투쟁을 염두에 두고 있다. 이 사례에서 적용되는 원칙은 '법치국가'에서 허용되는 범위

마저 짓밟고 있다. 트러스트는 철도 선로를 파괴하고 석유 수송관을 파손하고 폭파하기 위해 범죄 단체를 고용하고 있다. 방화와 살인이 자행된다. 모든 사법 관계자를 포함한 정부 관료들은 광범위하게 직접적으로 매수됐다. 다수의 스파이가 경쟁 진영에서 활동하고 있다 등등. 미국 현대 거대 기업의 역사에서 이 모든 일을 얼마든지 볼 수 있다.[2]

마침내 경쟁이 최고 단계, 즉 국가자본주의 트러스트 간의 경쟁 단계에 도달하면, 국가권력이나 그것이 제공하는 여러 기회를 활용하는 방식이 매우 커다란 구실을 하기 시작한다. 물론 국가기구는 언제나 그 국가 지배계급의 수중에 있는 도구였다. 국가기구는 세계시장에서 언제나 그 국가 지배계급의 '방어자'이자 '보호자'로 행동해 왔다. 그러나 금융자본과 제국주의 정책의 시대에 국가기구는 다른 어떤 시대에도 보지 못했을 정도로 큰 의미가 있다. 국가자본주의 트러스트의 형성으로 경쟁은 거의 전적으로 대외적인 것이 된다. 분명히 바로 이 점 때문에 이런 '대외' 투쟁을 수행하기 위한 기구, 특히 국가권력이 극도로 강화돼야 한다. 자본주의에서 높은 관세의 중요성은 더욱 커지고 있다. 왜냐하면 높은 관세가 해외시장에서 국가자본주의 트러스트의 투쟁력을 강화하기 때문이다. 다양한 형태의 '국민산업 보호책'이 나오고 국가 발주가 '국민적' 기업에게 제공된다. 위험에 처했지만 '사회 전체의 관점'에서는 '유용'한 기업에게는 소득이 보장된다. 갖가지 방법으로 '외국인'의 활동을 방해한다(예를 들어, 2장에서* 언급한 프랑스 정부의 거래소 정책을 보라). 통상조약 변경이 문제가 될 때는 조약을 맺은 양측 국가권력이 전면에 등장하게 되고 이들 사이의 힘의 관계 — 이것은 결국 그 국가들의 군사력 관계다 — 가 조약 결과를 결정한다. 어떤 국가를 상대로 차관 체결이나 신용 승인에 문제가 발생하면, 군사력을 보유한 정부가 그 국민[기업]을 위해 최고 이자율을 확보하고, 강제 발주 조건을 달고, 이권 양보를 요구하며 외국 경쟁자와 투쟁한다. 공식적으로 점령되지 않은 지역에서 금융자본주의적 착취를 위한 투쟁이 시작되면, 그 지역을 차지하게 될 국가를 결정하는 것은 국가의 군사력이다. '평화로운' 시대에 국가의 군사 기구는 무대 뒤로 모습을 감추지만, 결코 아무 영향도 미치지 않는 것이 아니다. 전시에는 가장 직접적인 형태로 무대에 등장한다. 세계적 각축장의 정세가 긴장될수록 — 금융자본주의적 '국민' 집단들 간 경쟁의 긴장이 최고조에 달했다는 게 우리 시대의 특징이다 — 국가권력은 그만큼 빈번하게 무력에 호소한다. 낡은 '자유방임laissez faire, laissez passer'** 이데올로

---

* '2부'를 '2장'으로 잘못 쓴 듯하다. 부하린은 이 사례를 2장이 아닌 2부 7장에서 언급하고 있기 때문이다.

** "각자 원하는 대로 하게 하고, 매사 흘러가는 대로 내버려 두라"는 의미다.

기는 흔적도 없이 사라지고, '신新중상주의'의 시대, 제국주의의 시대가 시작된다.

> 제국주의 경향은 경제 현상과 거대한 정치권력을 통합한다. 모든 것이 대규모로 조직된다. 불과 얼마 전까지 사상가와 실무가를 매혹했던 경제력의 자유로운 운동은 사멸한다. 도처에서 이민의 파도가 썰물과 밀물처럼 나타나고 이 과정은 국가의 감시 아래 놓인다. 새로운 경제적·사회적 힘은 국경 안에서도 밖에서도 국가의 강력한 보호가 필요하다. 이를 위해 국가는 새로운 기구를 만들고, 많은 관리자를 고용하고, 새로운 기관을 만든다. 국가 활동의 내용은 어디서든 새로운 기능에 의해 확대된다. 국내 생활과 대외관계에 대한 국가의 영향도 한층 다면화한다. 정부는 자국민이 전 세계 어느 지역에서 이익을 내든, 그들의 이익에 끊임없이 직접적 관심을 기울인다['국민people'이란 표현은 당연히 부르주아 경제학자들이 사용하는 의미로 이해해야 한다 — 부하린]. 국민경제와 정치는 가장 밀접하게 융합된다. [시장의] 자유로운 작용을 선전하고 조화로운 이해관계를 교리로 삼던 낡은 자유주의 시대와 지금 시대 사이에 더 큰 단절이 생긴다. 이것은 잔인하고 호전적인 정신이 세계를 지배할 것이라는 결론으로 나아간다. 세계는 전보다 더 통합되고 있다. 모든 것이 서로 교류하고 영향을 주고받으며 동시에 충돌하고 타격을 가한다.[3]

국가권력 일반의 중요성이 증대하면 그것의 군사 조직, 즉 육군과 해군의 팽창이 특히 두드러진다. 국가자본주의 트러스트 사이의 투쟁은 가장 먼저 군사적 힘의 관계가 결정한다. 왜냐하면 일국의 군사력이야말로 투쟁하는 '국민적' 자본가 집단이 의지할 최후의 수단이기 때문이다. 국가 재정이 터무니없이 불어나고 있으며, 그 가운데 '국가 방위'에 지출하는 부분이 점점 커지고 있다. '국가 방위'란 군사화의 완곡한 표현이다.

다음 표는 나라별로 크게 증가한 군비와 국가 재정에서 차지하는 비중을 보여 준다(표 19).

현재 군비 예산은 다음과 같다. 미국(1914년)은 육군 1억 7352만 2804달러, 해군 1억 3968만 2186달러로 총액 3억 1320만 4990달러. 프랑스(1913년)는 육군 9억 8322만 4376프랑, 해군 4억 6717만 6109프랑으로 총액 14억 5040만 485프랑(1914년에는 17억 1720만 2233프랑). 러시아(1913년, 경상비만 계산)는 육군 5억 8109만 9921루블, 해군 2억 4484만 6500루블로 총액 8억 2594만 6421루블. 영국(1913~1914년)은 육군 2822만 파운드, 해군 4880만 9300파운드로 총액 7702만 9300파운드. 독일(1913년, 경상비와 임시비)은 9784만 5960 파운드 등.[4]

우리는 지금 매우 이례적인 군비 지출의 시대에 살고 있다. 땅과 바다와 하늘에서 군비 증강이 급속도로 이뤄지고 있다.

〈표 19〉 육해군을 위한 지출[5]

나라	연도	인구 1인당 군비 지출*	인구 1인당 국가 총지출	총지출에서 군비 지출의 비중(%)
영국	1875	16.10	41.67	38.6
프랑스	1875	15.23	52.71	29.0
오스트리아-헝가리	1873	5.92	22.05	26.8
이탈리아	1874	6.02	31.44	19.1
러시아	1877	5.24	15.14	34.6
일본	1875	0.60	3.48	17.2
독일	1881~1882	9.43	33.07	28.5
미국	1875	10.02	29.89	33.5
영국	1907~1908	26.42	54.83	48.6
프랑스	1908	24.81	67.04	37.0
오스트리아-헝가리	1908	8.49	37.01	22.8
이탈리아	1907~1908	9.53	33.24	28.7
러시아	1908	7.42	20.81	35.6
일본	1908	4.53	18.08	25.1
독일	1908	18.44	65.22	28.3
미국	1907~1908	16.68	29.32	56.9

군사 기술이 개량될 때마다 군대의 조직이 개편되고 재건된다. 한 나라에서 군사력이 혁신되고 확대되면 다른 모든 나라를 자극한다. 우리가 여기서 목격하는 것은 관세정책 영역에서 우리가 맞닥뜨리는 현상과 유사하다. 관세정책 영역에서는 한 나라

* 화폐단위 표시가 없는데, 아마도 각국 기준화폐 단위일 것이다.

의 관세율 인상이 곧장 다른 모든 나라에 반작용해 일반적 관세율 인상을 부른다. 군사 영역에서 벌어지는 이런 현상도 일반적 경쟁 원칙의 특수한 경우에 불과하다. 국가자본주의 트러스트의 군사력이 경제적 투쟁을 위한 무기이기 때문이다. 군비 증강은 금속공업 생산물의 수요를 낳고, 따라서 중공업의 중요성, 특히 독일의 크루프 같은 '대포왕'의 중요성이 본질적으로 높아진다. 그러나 군수산업이 전쟁을 일으킨다고 말하는 것은 저속한 주장이다.[6] 군수산업은 결코 그 자신을 위해 존재하는 산업 부문이 아니다. 그것은 '국가들의 전쟁'을 불러일으키려고 인위적으로 불러낸 '악마'가 아니다. 지금까지 서술한 모든 설명을 보면 분명하다. 군비 증강은 국가권력의 필수불가결한 속성이며, 국가자본주의 트러스트 사이의 투쟁에서 매우 결정적인 구실을 한다. 전쟁 없는 자본주의 사회를 상상할 수 없듯이, 군비 증강 없는 자본주의 사회 또한 생각할 수 없다. 낮은 가격이 경쟁을 야기하는 것이 아니라 반대로 경쟁이 낮은 가격을 만들어내는 것처럼, 군대의 존재가 전쟁을 야기하는 주요 원인이나 원동력은 아니다(물론 군대 없는 전쟁은 생각할 수 없다). 반대로 경제적 충돌의 불가피성이 군대가 존재하는 원인이다. 그래서 우리는 오늘날, 즉 경제적 충돌로 긴장 상태가 최고조에 이른 이 시대에 정신 나간 군비 확장의 난장판을 경험하게 되는 것이다. 이렇게 금융자본의 지배는 제국주의와 군국주의를 모두 의미한다. 이런 의미에서 군국주의는 금융자본 그 자체와 마찬가지로 전형적인 역사적 현상이다.

국가권력의 중요성이 커지면서 동시에 그 내부 구조도 변화한다. 국가권력은 그 어떤 시대보다도 더 분명히 "지배계급의 집행위원회"가 됐다. 물론, 국가권력은 언제나 '상층 계급'의 이익을 대표해 왔다.[7] 그러나 그 상층계급 자체는 거의 무정형의 집단이기 때문에, 조직된 국가기구는 조직되지 않은 계급(또는 계급들)의 이익을 대표해야 하는 문제에 직면했다. 이제 상황은 근본에서 달라지고 있다. 국가기구는 지배계급 일반의 이익뿐 아니라 집단적으로 표현된 지배계급의 의지를 대표하고 있다. 국가기구는 이제 지배계급의 개별 성원이 아닌 그들의 '조직'과 대면한다. 이 때문에 정부는 사실상 자본가 조직의 대표들이 선출한 '위원회'가 된다. 정부는 국가자본주의 트러스트의 최고 지도부가 된다. 이것이 소위 의회주의 위기의 주요한 원인 가운데 하나다. 한때 의회는 지배계급의 다양한 분파들(부르주아지와 지주, 부르주아지 내부의 여러 계층 등)의 투쟁의 장으로 기능했다. 금융자본은 거의 모든 종류의 부르주아지를 하나의 '결속된 반동적 집단'으로 통합했다. 이 집단은 다수의 중앙집권적 조직으로 결집해 있다. 다른 한편, '민주주의적'이고 '자유주의적'인 풍토를 대신해 현대 제국주의의 공공연한 군주주의적 경향이 나타난다. 현대 제국주의는 언제나 국가 독재가 필요하다. 오늘날 의회는 대체로 장식품에 불과하다. 그것은 기업가 조직이 미리 준비한 결정들을 확인하고, 통합된 부르주아지 전체의 집단적 의지를 형식적으로 비준할 뿐이다. 강력한 육군과 해군에 기초한 '강대한 국가권력', 이것이 현대 부르주아지의 이상이다. 그것은 일부 사람들의 믿음과 달리 결코 '융커* 제도[봉건제]의 유물'이 아니다. 그것은 오늘날까지 우연히 살아남은 과거의 유물이 결코 아니다. 그것은 금융자본의 발전이 초래한 완전히 새로운 사회적·정치적 현상이다. 여기서 융커[비스마르크]의 낡은 '철혈정치'가 형식적 본보기로 이용될 수 있었다면, 그것은 오직 현대 경제생활의 추진력이 자본으로 하여금 침략 정책과 모든 '사회생활'의 군국주의화의 길로 나아가게 했기 때문에 가능했던 것뿐이다. 가장 좋은 사례를 영국, 프랑스, 벨기에(벨기에의 식민정책을 보라), 미국과 같은 '민주주의적' 나라들의 대외 정책에서 찾을 수 있다. 그뿐 아니라 이 나라들의 국내 정책에서 일어나는 변화에서도 찾을 수 있다(프랑스의 군국주의화와 군주주의의 성장, 모든 나라에서 노동자 조직의 자유를 제한하려는 시도 등).

국가자본주의 트러스트의 최대 주주인 현대 국가는 가장 고도의, 가장 포괄적이고, 가장 완성된 국가조직이다. 현대 국가의 거대하고 어마어마하게 큰 권력은 여기서 탄생한다.

---

* 융커 18~19세기 독일 동부의 지주 귀족을 일컫는 말.

4부

세계경제의 미래와 제국주의

12장

제국주의의 '필연성'과 '초제국주의'

1. 역사적 필연성의 개념, 역사적 필연성과 실천적 마르크스주의, 제국주의의 역사적 '필연성'
2. 초超제국주의 문제에 대한 경제적 정식화(국가자본주의 트러스트 간의 협정), 세계적 트러스트의 추상적·경제적 가능성
3. 구체적 징후, 트러스트의 형성과 안정을 위한 경제적 조건, 자본주의적 이해관계의 국제화와 국가화, 부르주아지에게 제국주의 정책의 의미
4. 제국주의의 극복과 그것이 가능한 조건

'모든 것을 이해한다는 것은 모든 것을 용서한다는 것이다'

하고 프랑스 속담은 말한다. 그러나 모든 속담이 올바른 사상을 표현하는 것은 아니다. 이 경우에는 분명히 잘못된 '생각'이다. 하나의 현상을 이해한다는 것은 이 현상과 또 다른 현상(들) 사이의 인과관계를 밝힌다는 뜻이다. 그러나 그렇다고 해서 어떤 현상을 이해하면 어떤 경우라도 반드시 용서해야 하는 것은 아니다. 만약 그렇다면, '도덕가'의 언어로 '악'이라고 분류되는 모든 현상은 영원히 인간 이성에서 추방될 것이다. 악은 용서받을 수 없기 때문에 그것을 분명히 이해할 수 없을 테니 말이다. 사실, 문제는 그리 나쁘지 않다. 아니, 그 반대다. 우리는 어떤 현상을 이해할 때만 그 현상을 올바르게 판단(즉, 긍정적이거나 부정적인 것으로 판별)할 수 있을 뿐이다. 따라서 우리는 전혀 '용서'할 생각이 없는 경우에조차 우선 '이해'해야 한다. 이 초보적 진리는 역사적 사건에도 적용된다. 어떤 역사적 사건을 이해한다는 것은 그 사건을 특정한 역사적 원인(들)의 결과로 서술한다는 것을 의미한다. 다시 말해, 아무 원인도 없는 '우연적' 실재가 아닌, 모든 주어진 조건에서 필연적으로 발생한 실재로서 그 사건을 서술해야 한다. 인과성의 요소는 분명히 필연성('인과적 필연성')의 요소다. 마르크스주의는 우리에게 역사적 과정(따라서 역사적 사건의 연쇄에서 각각의 고리)이란 '필연적' 실재임을 알려 준다. 여기서 정치적 숙명론을 끌어내는 것은 완전히 터무니없는 일이다. 다음과 같은 간단한 이유 때문이다. 즉,

역사적 사건은 인간 의지 밖에서 발생하는 것이 아니라 인간 의지를 통해 발생하는 것이며, 계급사회로 보자면 계급투쟁을 통해 발생하기 때문이다. 계급의 의지는 어떤 경우든 구체적인 역사적 환경의 제약을 받는다. 이런 의미에서 계급의 의지는 결코 '자유'롭지 않다. 그러나 다른 한편 그것은 역사적 과정을 규정하는 요소이기도 하다. 만일 우리가 인간 활동이나 계급투쟁 등을 간과한다면, 역사적 과정 전체를 간과하게 될 것이다. 숙명론적 '마르크스주의'는 언제나 마르크스주의 학설에 대한 부르주아적 희화화에 불과했다. 이 희화화는 마르크스주의를 손쉽게 '극복'하려고 부르주아 이론가들이 창작한 것이다. 다음과 같은 널리 알려진 궤변을 들어 봤을 것이다. 즉, 탈자본주의 경제질서의 필연적 도래를 예언하는 마르크스주의자들은 월식의 도래를 위해 투쟁하는 정당과 다름없다는 것이다. 다른 한편, 부르주아지 변호론자들은 자신들의 견해를 '엄밀하게 과학적으로' 정식화하려고 노력하며 숙명론적 '마르크스주의'의 외투 속으로 자진해서 몸을 숨겼다. 이 '마르크스주의'는 주어진 순간에 존재하는 모든 것을 절대적 위치로 격상시키고 그것을 뛰어넘을 수 없는 한계로 여긴다. "현실적인 것은 이성적이다."* 부르주

---

* "이성적인 것은 현실적이고, 현실적인 것은 이성적이다." 헤겔의 《법철학》(1821) 서문에 나오는 말이다.

아지 변호론자들은 헤겔의 이 명제를 종종 자신들의 목적을 위해 이용했다. 마르크스에게 "현실적인 것은 이성적"이란 말은 현재와 과거 사이의 인과관계를 표현한 것에 불과하며, 이 인과관계에 대한 인식은 '현실적인 것'을 실천적으로 극복하기 위한 출발점이었다. 그러나 변호론자들에게 이 '이성적'이란 말은 현실적인 것을 정당화하거나 영구화하는 데 유용했다.[1] "역사는 언제나 옳다." '마르크스주의자' 하인리히 쿠노는 자신이 제국주의를 '인정'한 근거를 여기서 찾고 있다.[2] 그에게 제국주의를 극복하려는 모든 사상은 그저 '환상'에 불과하며, 이런 사상을 체계화하려는 것은 '환상 숭배'인 것이다. 물론, 이것은 마르크스주의에 대한 가장 천박한 해석이다. 쿠노에 대한 탁월한 대답은, 마르크스가 부르주아 경제학자 버크에게 한 다음과 같은 답변 속에 있다. 버크는 "상업의 법칙은 자연의 법칙이며 따라서 신의 법칙이다" 하고 썼다. 마르크스는 다음과 같이 답했다. "현재 수치스러운 도덕적 무원칙이 횡행하고 있으며, '상업의 법칙'에 대한 가장 경건한 신앙이 굳어지고 있다는 점을 고려할 때, 버크와 같은 사람들(버크가 그 후계자들과 다른 단 한 가지 점은 재치뿐이다!)에 대해 몇 번이고 오명을 씌우는 것이 우리의 의무다."[3]

그러나 만일 역사적 현실이 다양한 평가를 받을 수 있다면, '실천'을 결정하는 것은 무엇인가? 달성 가능한 것의 한계는 어디인가? 이 문제들에 더 충분히 답하기 위해 두 가지 극단적인 경우를 가정해 보자. 우선, 이제 막 자본주의적 발전의 길로 들어선 나라에서 프롤레타리아가 미약하게 등장하고 있다고 가정해 보자. 이 단계에도 이미 사회 계급이 존재하지만 그것은 조직되지 않은 대중에 불과하다. 마르크스의 표현을 빌리자면, 프롤레타리아 자신은 아직 '대자적' 계급이 되지 못했다. 경제적 발전이 매우 약하기 때문에 사회적 규모로 경제를 조직하기 위한 객관적 조건이 존재하지 않는다. 이 경우는 자본주의적 모순을 극복하기 위한 조건이 존재하지 않는다고 솔직하게 말할 수 있다. 마르크스주의자는 원칙에서 자본주의가 조건적 존재임을 인식하지만, 동시에 다음도 지적한다. 즉, 사회 발전을 자본주의 궤도에서 이탈시킬 가능성이 전혀 없다면, 발전은 자본주의의 길을 따를 것이라는 점을 우리는 상정해야 한다. 따라서 우리는 미래에 자본주의를 적극적으로 극복하기 위한 힘을 조직해야 하지만, 현재는 자본주의의 상대적 진보성을 이용해 사회 진보를 가로막는 봉건주의의 잔재와 투쟁해야 한다 등등. 따라서 '실천'을 규정하는 결정적 요소는 두 가지다. 첫째는, '객관적 조건에 대한 평가', 즉 경제적 발전의 특정 단계에 대한 평가다. 둘째는, 가장 진보적인 사회 세력의 사회적 비중에 대한 평가다. 물론 이것은 첫째 요소와 관련된다. 마르크스주의자가 자본주의 극복은 상대적으로 불가능하다는 의미로 자본주의의 필연성을 논할 때는 바로 위에서 언급한 조건 속에서다.

다음으로, 고도로 발전한 자본주의적 유기체가 존재한다고 가정해 보자. 그리고 이 유기체가 사회적 생산을 계획적으로 조직할 수 있다고 가정하자. 다른 한편, 사회적 세력들의 관계는 가장 진보적인 계급이 인구의 중요 부분을 차지하고 있다고 가정하자. 이 경우에 자본주의가 발전의 '필연적' 단계임을 강조하는 것은 완전히 무의미하다.(명백히, 이런 주장은 자본주의와 그 특정 상태가 역사 발전의 산물이라는 뜻이 아니다. 여기서 '필연'은 '극복할 수 없다'와 같은 의미로 사용된다.)[4]

이제 제국주의의 필연성(극복 불가능성) 문제로 들어가면, 우리는 이런 의미에서 제국주의의 필연성을 논하는 데는 아무런 근거가 없음을 금방 깨달을 것이다. 그 반대가 사실이다. 제국주의는 금융자본주의의 정책이다. 즉, 생산 조직의 일정한 — 게다가 매우 중요한 — 성숙을 전제하는 고도로 발전한 자본주의의 정책이다. 다시 말해 제국주의 정책은, 그리고 그것이 존재한다는 것은 새로운 사회경제적 형태를 위한 객관적 조건이 이미 성숙했음을 의미한다. 따라서 제국주의의 '필연성'이 실천을 제한한다고 이야기하는 것은 모두 자유주의이며 반半제국주의다. 자본주의와 제국주의가 앞으로도 존속할 것인가 하는 문제는 서로 투쟁하는 사회적 계급의 세력 관계의 문제이지, 그 이상도 이하도 아니다.

그러나 여기에는 또 다른 기회주의적 편향의 위험이 있다. 그것은 표면적으로는 숙명론과 대립한다. 지금 이 이론을 놀라울 만큼 열정적으로 주장하는 것은 카를 카우츠키다.[5] 카우츠키는 제국주의의 존속 여부가 사회적 세력들의 상호 관계에 따라 결정된다고 옳게 지적하고 나서, 대략 다음과 같이 설명한다.

제국주의는 자본주의 정책의 특정한 방식이다. 폭력적 방법을 쓰지 않는 자본주의 정책도 존재할 수 있다. 그것은 마치 자본주의에 10시간이나 12시간 노동일이 아닌 8시간 노동일이 존재할 수 있는 것과 같다. 이때 프롤레타리아는, 자본주의의 틀 안에서, 노동시간을 늘리려는 부르주아적 경향에 맞서 노동시간을 줄이려는 자신들의 프롤레타리아적 경향으로 맞선다. 꼭 마찬가지로, 카우츠키는 우리가 제국주의의 부르주아적인 폭력적 경향에 프롤레타리아의 평화적 경향으로 맞서야 한다고 주장한다. 따라서 이 문제는 자본주의의 틀 안에서 해결할 수 있다고 카우츠키는 강조한다. 카우츠키의 이 이론은 언뜻 급진적으로 보일지라도, 실제로는 철두철미한 개혁주의 이론이다. 우리는 뒤에서 카우츠키류流의 '평화로운 자본주의'('초제국주의')의 가능성을 자세히 다룰 것이다. 여기서는 일반적이고 형식적인 다음과 같은 반대 의견만을 밝혀 두겠다. 즉, 제국주의가 힘의 관계의 문제라는 사실로부터, 제국주의는(마치 15시간 노동일이나 불규칙적 임금이 그렇듯) 자본주의의 틀 안에서 사라질

수 있다는 결론을 끌어낼 수는 없다는 점이다. 만일 이 문제가 그렇게 쉽게 해결되는 것이라면, 다음과 같은 전망도 '그려' 볼 수 있을 것이다. 잘 알다시피, 자본주의는 자본가들의 잉여가치 획득을 전제한다. 모든 새로운 가치 N은 V[가변자본, 즉 임금]와 S[잉여가치] 두 부분으로 나뉜다. 이 분배는 양적 측면에서 보면 사회적 세력들의 상호 관계에 좌우된다(이런 이익의 대립은 이미 리카도가 공식화했다). 노동계급의 저항이 증대하면 V는 S를 희생해 증가하고, 총액 N은 노동자에게 훨씬 유리한 비율로 분배될 것이라는 점은 충분히 생각할 수 있다. 그러나 프롤레타리아의 몫이 늘어나는 정도는 힘의 관계로 결정되며, 여기에는 미리 정해진 한계란 전혀 존재하지 않는다. 따라서 노동계급은 자본가의 몫을 보통의 봉급 수준으로 낮춤으로써 자본주의를 평화적으로 '소멸'시키고, 자본가를 보통의 봉급생활자나 심지어 사회적 공동체의 연금생활자로 바꿔 놓는다. 이런 목가적 광경은 명백히 개혁주의적 유토피아다. 그러나 카우츠키의 '초제국주의'도 이에 못지 않은 유토피아다.

그런데도 카우츠키와 그의 신봉자들은 다음과 같이 말한다. 자본주의 발전 그 자체가 초제국주의의 토대가 될 요소들의 성장을 돕는다. 게다가 자본의 증대하는 국제적 상호 의존은 다양한 '국민적' 자본주의 집단들 사이의 경쟁을 제거하는 경향을 낳는다. 이런 '평화적' 경향은 아래로부터의 압력으로도 강화된다. 이렇게 탐욕스런 제국주의를 대신해 온화한 초제국주의가 등장한다는 것이다.

이 문제의 본질을 분석해 보자. 경제적으로 논하려면 이 문제를 다음과 같이 정식화해야 한다. 국가자본주의 트러스트의 협정이나 합병은 어떻게 가능한가? 사실 제국주의란 결국 국가자본주의 트러스트 간 경쟁의 표현에 불과하다. 만일 이 경쟁이 소멸한다면, 제국주의 정책의 토대도 사라질 것이다. 그러면 다수의 '국민적' 집단으로 나뉘어 있던 자본은 단일한 세계 조직으로, 일반적인 전 세계적 트러스트로 전화해 세계 프롤레타리아와 대립한다.

추상적이고 이론적으로 보자면, 이런 트러스트는 충분히 생각할 수 있다. 일반적으로 말해, 카르텔화 과정에는 경제적 한계가 전혀 존재하지 않기 때문이다. 내 생각에, 힐퍼딩이 《금융자본》에서 다음과 같이 말한 것은 완전히 옳다.

> 그러나 카르텔화의 한계가 실제로 어디인가 하는 질문이 발생한다. 이 질문에 우리는 카르텔화는 절대적 한계가 존재하지 않는다고 답해야 한다. 오히려 카르텔화는 끊임없이 확대되는 경향을 보인다. 앞에서 봤듯이, 독립적 산업은 카르텔화한 산업에 점점 더 많이 의존하게 되고, 결국에는 그것에 합병된다. 이 과정의 결과로 **일반적 카르텔**이 탄생할 것이다. 자본주의적 생산 전체는 하나의

위원회가 의식적으로 통제하고, 이 위원회가 모든 생산 영역에서 생산 규모를 결정한다. … 그것은 의식적으로 통제되는 적대적 형태의 사회다. 그러나 이 적대는 분배의 적대다. … 하나의 일반적 카르텔을 형성하려는 경향과 하나의 중앙은행을 형성하려는 경향이 만나, 이 경향들의 결합에서 금융자본의 거대한 집적의 힘이 태어난다.[6]

그러나 이 추상적인 경제적 가능성은 결코 실제의 확률을 의미하지 않는다. 힐퍼딩이 다른 부분에서 다음과 같이 서술한 것은 완전히 옳다.

전체 생산을 지도하고 따라서 공황을 제거하는 일반적 카르텔 그 자체는 경제적으로는 생각할 수 있다. 그러나 사회적·정치적으로는 생겨날 수 없다. 왜냐하면 이런 일은 극한으로까지 치닫는 이해관계의 대립 때문에 파괴될 것이 분명하기 때문이다.[7]

현실에서는 이런 사회적·정치적 요소 때문에 모든 것을 포괄하는 트러스트의 형성은 결코 성공할 수 없다. 다음에서 그 점을 증명하겠다.

어느 정도 지속적인 협정이 체결되기 위한 조건은 세계시장에서의 지위가 대체로 평등해야 한다는 것이다. 만일 이런 평등이 존재하지 않는다면, 세계시장에서 비교적 유리한 지위에 있는 집단에게 협정은 아무런 의미가 없다. 오히려 이 집단에게는 투쟁을 이어가는 것이 유리하다. 경쟁자의 패배를 기대할 만한 충분한 이유가 있기 때문이다. 이것이 협정 체결을 위한 일반적 법칙이다. 여기서 이야기하는 국가자본주의 트러스트의 경우에도 다른 경우와 마찬가지로 이 법칙이 들어맞는다. 그러나 여기서 크게 두 가지 조건을 고려해야 한다.

우선은 순수한 경제적 평등이다. 동등한 생산비가 여기에 포함된다. 동등한 생산비는 결국 동등한 노동가치를, 따라서 대체로 유사한 생산력 발전 수준을 기초로 한다. 따라서 협정 체결을 위한 전제 조건은 동일한 경제구조다. 만일 경제구조의 차이가 제법 크고 따라서 생산비가 다르다면, 상대적으로 높은 수준의 기술을 보유한 국가자본주의 트러스트에게 협정 체결은 유리하지 않다. 이런 이유로 개별 생산 부문의 협정을 예로 들어 보면, 고도로 발전한 독일 공업은 일부 주요 부문에서 개별적으로 세계시장에 등장하는 쪽을 선택한다. 물론, 국가자본주의 트러스트를 다룰 경우 우리는 모든 생산 부문의 일정한 평균을 고려한다. 이때 우리는, 어느 한쪽 생산 부문 자본가 집단의 이익이 아닌, '통합된 산업'의 이익에서 출발한다. 그러나 여기서도 결국 지도적 지위를 점하는 것은 중공업 대자본가들이며, 그들의 경제적 중요성은 상대적으로 점차 높아지고 있다. 엄밀한 의미의 생산비에는 운송비가 추가된다.

'순수한 경제적' 평등 외에 경제적·정치적 평등도 지속적 협정을 형성하기 위해 필요한 전제 조건이다. 우리는 앞서 자본과 국가의 결합이 추가적인 경제적 힘으로 전화하는 것을 봤다. 이 경우, 상대적으로 강력한 국가는 자국 산업을 위해 가장 유리한 통상조약을 확보하고, 경쟁자에게 불리하도록 높은 관세를 마련한다. 또 자국 금융자본이 판매 시장과 원료 시장과 특히 투자처를 독점하도록 돕는다. 따라서 우리는 다음을 쉽게 이해할 수 있다. 즉, 국가자본주의 트러스트는 세계시장에서 투쟁의 조건을 판단할 때 순수한 경제적 조건뿐 아니라 경제적·정치적 조건도 고려한다. 국가자본주의 트러스트들이 경제구조가 대체로 동일하더라도 군사력에서 상당한 차이를 보이는 것은 이 때문이다. 더 강력한 국가자본주의 트러스트일수록 협정을 체결하거나 합병하기보다는 투쟁을 이어 가는 것이 더 유리하다. 이런 관점에서 투쟁하는 '국민[국가]'들의 상태를 본다면, 다음과 같은 사실을 깨닫게 될 것이다. 즉, 적어도 비교적 가까운 미래에 국가자본주의 트러스트들의 협정이나 합병, 단일한 세계 트러스트로의 전화를 기대할 수 있는 근거가 전혀 존재하지 않는다. 우리가 자본주의적 세계 조직에서 얼마나 멀리 떨어져 있는지를 이해하려면, 프랑스·독일·영국·미국처럼 일반적으로 발전한 나라들의 경제구조와 러시아 같은 나라들(여기에 해당하는 나라들은 분명히 국가자본주의 트러스트 개념에는 포함되지 않지만, 세계시장에서는 특정한 관계를 창출한다)의 경제구조를 비교해 보는 것만으로 충분하다.[8] 군사력과 관련해서도 마찬가지다. 지금 벌어지고 있는 전쟁은 (적어도 지금까지) 적대하는 집단들의 힘이 비교적 대등함을 보여 줬지만, 여기서 우리가 다루는 힘의 결합이 결코 안정된 실재가 아니라는 것을 잊어서는 안 된다.

평등의 문제는 정적으로뿐 아니라 동적으로도 고찰해야 한다. '국민적' 부르주아지 집단은 '현재 존재하는' 것뿐 아니라 '앞으로 존재할' 것까지도 고려해 자신들의 계획을 세운다. 그들은 모든 발전 가능성을 엄밀하게 고려한다. 어떤 집단이 특정한 순간에는 경쟁자와 경제적·정치적 힘이 동등하다 해도 시간이 지나면 다른 모든 집단보다 우위에 설 수도 있다. 이런 환경은 가뜩이나 불안정한 상태를 더욱 심화한다.[9]

국제적 국가자본주의 트러스트의 형성을 크게 촉진하는 것은 바로 이 책의 1부에서 서술한 자본주의적 이해관계의 국제화 과정이다(해외 기업에 대한 참가와 융자, 국제 카르텔, 트러스트 등). 그러나 이 과정이 근본에서 얼마나 중요하든, 이 과정에는 또 하나의 더욱 강력한 경향이 대립한다. 그것은 자본이 국가화되고 국경에 따라 분리되는 경향이다. '국민적' 부르주아지 집단이 투쟁을 지속함으로써 얻을 수 있는 이익은 손실보다 훨씬 크다. 우리는 이미 존재하는 국제적 산업 협정의 의미를 결코 과대평가해서는 안 된다. 앞서 서술했듯이, 이 협정들은 대부분 매우 불안정하고, 집중의 정도가 비교적 약한 상대적으로 낮은 수준의 자본가 조직이며, 종종 매우 전문화된 생산 부문만을 장악하고 있다(예컨대, 공병 신디케이트). 오직 자연독점에 기반한 (석유와 같은) 생산 부문의 연합만이 비교적 지속적 성격을 띤다. 물론, 국제화 경향이 '결국은' 승리할 것이다. 그러나 이 승리는 국가자본주의 트러스트 사이에서 가장 치열한 투쟁이 오랫동안 지속되고 난 뒤일 것이다.

한편 투쟁 비용, 즉 군사비가 어쩌면 너무 증가하게 돼 그런 투쟁 방식을 지속하는 것이 부르주아지에게도 손해 아닐까? 영국을 더욱더 군사화하려는 계획이 있지만, 어쩌면 이것은 자신들의 이해관계를 돌아보지 않는 부르주아지의 '어리석음'에 불과한 건 아닐까? 안타깝지만, 그렇지 않다. 어리석은 것은 오히려 순진한 평화주의자이지 결코 부르주아지가 아님을 알아야 한다. 부르주아지는 이해타산을 아주 잘 하고 있다. 이 문제의 실상은 다음과 같다. 첫째로, 이런 주장을 하는 사람들은 보통 군사력의 여러 복잡한 기능을 간과하고 있다. 앞에서 살펴봤듯이, 군사력은 전시뿐 아니라 일상적 시기에도 작용한다. '평화적 경쟁'에서도 언제나 이용되는 수단이다. 둘째로, 이런 주장을 하는 사람들은 다음을 잊고 있다. 전쟁 부담은 과세 등을 통해 대

부분 노동계급이, 일부는 경제적 중간층이 지게 되고, 경제적 중간층은 전시에(따라서 생산의 가장 강력한 집중 과정에서) 수탈당한다는 사실 말이다.

따라서 경제적 발전의 구체적 과정은 국가자본주의 트러스트와 뒤처진 경제 형태 사이의 첨예한 투쟁을 거치며 진행된다. 일련의 전쟁은 피할 수 없다. 가까운 미래에 우리 앞에 펼쳐질 역사적 과정에서 세계 자본주의는 약한 부분을 흡수해 일반적 국가자본주의 트러스트 경향으로 나아갈 것이다. 지금의 전쟁이 끝나면, 새로운 문제가 등장하고 또다시 칼로 '해결'하려 하게 될 것이다. 물론 이때도 여기저기서 부분적 협정에 도달할 수 있다(예컨대, 독일과 오스트리아의 합병 가능성은 매우 높다). 그러나 어떤 협정이나 합병도 피비린내 나는 전쟁을 새로운 규모로 재생산하는 데 불과할 것이다. 설령 '중부 유럽'이 통합돼 독일 제국주의자의 계획이 실현되더라도 상황은 대체로 동일할 것이다. 그러나 유럽 전체가 통합된다 해도 그것은 결코 '군비 축소'를 뜻하지 않을 것이다. 그것은 군국주의의 전례 없는 고양을 뜻하게 될 것이다. 왜냐하면 그때는 유럽과 아메리카·아시아 사이에서 거대한 투쟁이 벌어질 것이기 때문이다. 작은(작다니!) 국가자본주의 트러스트들 사이의 투쟁은 훨씬 더 거대한 트러스트들의 투쟁으로 대체될 것이다. 이 투쟁을 '민간요법'이나 [감상적인] 장미 향수로 없애겠다는 것은 마치 완두콩을 쏴서 코끼리를 잡겠다는 것과 같다. 왜냐하면 제국주의는 현대 자본주의와 가장 긴밀하게 결합된 체제일 뿐 아니라 자본주의의 본질적 요소이기 때문이다.

우리는 2부에서 현대 자본주의 구조의 모든 특수성과 국가자본주의 트러스트의 형성을 관찰했다. 그런데 이 경제구조는 특정한 정책, 즉 제국주의 정책과 관련돼 있다. 제국주의가 금융자본주의의 산물이라는 의미에서만이 아니라, 우리가 앞서 규정했듯이, 금융자본은 제국주의 정책 말고는 어떤 정책도 취할 수 없다는 의미에서도 그렇다. 국가자본주의 트러스트는 자유무역을 신봉할 수 없다. 국가자본주의 트러스트가 자유무역을 신봉하면 그 자본주의적 존재 이유를 크게 잃을 것이기 때문이다. 앞서 지적했듯이, 보호무역주의는 한편으로 추가 이윤을 획득할 수 있고, 다른 한편으로 세계시장 경쟁에 유리하다. 마찬가지로 자본주의적 독점 조직의 표현인 금융자본은 '세력권' 독점과 판매 시장, 원료 시장, 투자처 장악을 포기할 수 없다. 만일 한 국가자본주의 트러스트가 아직 점령되지 않은 어떤 지역을 장악하지 않는다면, 다른 국가자본주의 트러스트가 이를 점령할 것이다. 국내에서 어떤 생산의 조직화도 없었던 자유경쟁 시대의 평화적 경쟁은 생산구조가 완전히 다른 시대, 국가자본주의 트러스트들이 투쟁하는 시대에는 절대로 생각할 수 없다. 이런 제국주의적 이익은 금융자본가 집단에게 매우 큰 의미가 있으며, 이들이 존재하는 토대 자체와 관련돼 있다. 그러므로 각국 정부는 세계시장에서 안정된 지위를 유지하기 위해서라면 어마어마한 군사비 앞에서도 망설이지 않는다. 자본주의 틀 안에서 '군비축소'하자는 사상은, 세계시장에서 선도적 지위에 있는 국가자본주의 트러스트에게는 특히 무의미하다. 이들 앞에는 전 세계를 정복하고 전례 없는 범위의 착취 영역을 손에 넣을 가능성이 펼쳐져 있으니 말이다. 프랑스 제국주의자나 독일 제국주의자나 이것을 세계경제의 조직화라고 부른다. 그런데 부르주아지가 이런 '고고한' 이상을 군비축소의 '이익'이라는 수프 한 그릇과 맞바꾸려 할까? 그리고 국가자본주의 트러스트는 언제나 자신의 교활한 경쟁자 하나가 심지어 공식 협정과 '확약'을 맺은 뒤에도 이를 무시하고 '중단'했던 정책을 다시 시작할 수 있다는 불안에 시달린다. 그런 일이 일어나지 않으리란 보장이 어디 있겠는가? 일국 안에서조차 카르텔은 서로 투쟁한다. 이런 투쟁의 역사를 잘 아는 사람이라면 누구든 다음의 사실을 알고 있다. 정세가 변화할 때, 예컨대 경제 상황이 변화할 때 일련의 협정들이 얼마나 자주 비눗방울처럼 폐기돼 버리는지를 말이다. 하나의 강력한 국가자본주의 트러스트, 예컨대 미국이 다른 모든 트러스트들의 '연합'과 싸운다고 가정하자. '협정'은 금세 산산이 깨질 것이다.(후자의 경우[미국을 제외한 트러스트들의 연합]는 보통의 신디케이트 방식을 따라 형성되고 국가자본주의 트러스트들이 그것의 구성 요소가 되는 거대한 조직일 것이다. 물론 국가자본주의 트러스트들 사이의 이런 협정이 모든 중간 단계를 뛰어넘어 곧장 진정한 중앙집권적 트러스트가 될 수는 없을 것이다. 그리고 이런 형태의 협정은 격렬한 내부 투쟁이 일어날 수밖에 없으며 '사태 변화'에 영향받기가 매우 쉽다.) 우리는 공식적 '협정'이 체결되는 경우를 가정했다. 그러나 이런 협정은 체결될 수 없다. 어느 나라의 부르주아지도 결코 대다수 선량한 평화주의자들처럼 순진하지 않기 때문이다. 평화주의자들은 무엇보다 부르주아지를 설득하고 그들이 자신들의 이익을 올바르게 이해하지 못하고 있다는 점을 그들에게 '증명'하고 싶어 한다.

그러나 아래로부터의 압력으로 제국주의적 방식을 포기하도록 강제하면 부르주아지가 그에 따를 것이라고 말하는 사람도 있을 것이다(이것이 바로 카우츠키와 그의 친구들의 생각이다). 이에 대해 우리는 다음과 같이 답한다. 이 경우에는 두 가지 가능성이 존재한다. 아래로부터 압력이 약하면 모든 것은 이전처럼 유지될 것이다. 그러나 이 압력이 '반작용'보다 강력하면, 초제국주의의 새로운 시대가 아닌 비적대적인 사회 발전의 새로운 시대가 열릴 것이다.

이처럼 현대 세계경제의 전체 구조는 부르주아지를 제국주의 정책으로 몰고 간다. 식민정책이 필연적으로 폭력적 방식과 결합돼 있듯이, 모든 자본주의적 팽창은 머지않아 유혈 낭자한 결말로 나아간다. 힐퍼딩은 다음과 같이 말한다.

> 폭력적 방식은 식민정책의 본질에 속한다. 폭력적 방식을 결여한다면 식민정책은 자본주의적 의미를 잃을 것이다. 무산계급인 프롤레타리아의 존재가 일반적으로 자본주의의 필요조건이듯이, 폭력적 방식은 식민정책에 반드시 필요한 요소다. 식민정책을 추진하면서 폭력적 방식을 제거할 수 있다는 생각은 진지하게 토론할 가치가 없는 망상이다. 그것은 프롤레타리아 없이 자본주의를 유지하고 싶다고 생각하는 것과 같다.[10]

제국주의에 대해서도 마찬가지다. 제국주의는 금융자본주의의 필수적 요소다. 제국주의를 결여하면 금융자본주의는 자본주의적 의미를 잃을 것이다. 독점의 화신인 트러스트가 평화적 팽창이라는 자유무역 정책을 표현할 수 있다고 생각하는 것은 지극히 해로운 유토피아적 환상이다.

그런데 '초제국주의' 시대가 집중의 과정을 통해 정말로 실현될 가능성은 없을까? 국가자본주의 트러스트가 서로를 하나씩 집어삼키다 보면 마침내 모든 것을 정복한 강대국이 지배권을 장악하게 되지 않을까? 만일 우리가 사회적 과정 전체를 기계적으로 파악하고 제국주의 정책에 적대적인 세력을 고려하지 않는다면, 위와 같은 가능성을 생각해 볼 수 있을 것이다. 그러나 현실에서는 점점 더 큰 규모의 전쟁이 꼬리를 물고, 이 때문에 필연적으로 사회 세력의 변화가 일어난다. 자본주의적 형태의 집중 과정은 필연적으로 그것에 대항하는 사회적·정치적 경향과 충돌한다. 따라서 자본주의적 집중 과정은 결코 자신의 논리적 귀결에 도달할 수 없다. 자본주의적 집중 과정은 붕괴하고, 새롭고 순수한 비非자본주의적 형태로 비로소 완성된다. 그러므로 카우츠키의 이론은 결코 현실적이지 않다. 그의 이론은 제국주의를 자본주의 발전의 필연적 부산물로 보지 않고, 자본주의 발전의 '어두운 면' 가운데 하나로 본다. 카우츠키는 마치 프루동처럼 자본주의적 질서의 '밝은' 면을 남겨 둔 채 '어두운' 제국주의만을 제거하려 애쓴다(마르크스는 프루동의 속물적 유토피아를 격렬하게 반대했다). 그의 개념은 오늘날 사회를 분열시키는 거대한 모순을 얼버무리는 것이며, 이 점에서 개혁주의적 개념이다. 이론적 개혁주의의 주된 특징은 자본주의의 적응력은 모든 요소를 빼놓지 않고 지적하려고 노력하지만 그 모순은 간과한다는 데 있다. 반면 일관된 마르크스주의자에게 자본주의 발전 전체는 자본주의의 모순이 끊임없이 더욱 광범하게 재생산되는 과정에 지나지 않는다. 세계경제의 미래는, 그것이 자본주의적 형태를 취하는 한, 내재적 부적응성의 요소를 극복하지 못할 것이다. 오히려 세계경제는 부적응성의 원인을 끊임없이 확대재생산할 것이다. 이런 모순은 사회적 유기체의 또 다른 생산구조 속에서, 사회적이고 계획적이고 사회주의적인 경제조직을 통해 비로소 진정한 해결을 이룰 것이다.

13장
전쟁과 경제적 진화

1. 국가자본주의 트러스트 간 경제적 상호 관계의 변화(미국의 중요성 증대, 소국들의 몰락)
2. 세계경제와 경제적 자급자족
3. 국가자본주의 트러스트의 내부 구조 변화(중간 집단의 사멸, 금융자본 권력의 증대, 국가 개입의 증대, 국가 독점 등)
4. 국가자본주의와 국가자본주의 트러스트들 간 투쟁 격화
5. 국가자본주의와 계급들

전쟁은 전체 사건들의 과정을 통해 준비됐기 때문에 어떻게든 발발할 수밖에 없었으며, 당연하게도 세계의 경제생활에 어마어마한 영향을 미쳤다. 전쟁은 개별 국가 내부도, 국가 간 관계도, '국민경제'도, 세계경제도 철저히 변화시켰다. 전쟁은 대공

황과 닮았다. 생산력을 야만적으로 약탈하고, 물질적 생산수단과 살아 있는 노동력을 파괴하고, 사회적으로 유해한 거액의 지출을 통해 경제를 빈혈 상태로 만들었다. 나아가 전쟁은 자본주의 발전의 기본 경향을 강화했다. 전쟁은 금융자본주의적 관계 확장과 세계적 규모의 자본 집중을 놀랍도록 촉진했다. 현재의 전쟁이 (**제국주의적 방식**을 통해) 집중을 촉진한다는 점은 의심의 여지가 없다. 가장 먼저 소규모 독립국들의 붕괴를 들 수 있다. 고도로 발전한 공업국이든(수평적 집적과 집중) 농업국이든(수직적 집중) 모두 이런 붕괴를 모면할 수 없다. 농업국이 더 약한(그리고 마찬가지로 뒤처진) 나라들을 흡수하는 경우도 있지만 이는 그리 중요하지 않다. 벨기에는 고도로 발전한 나라이고 독자적 식민정책을 펴고 있지만, 이런 벨기에의 독립도 불확실해지고 있다. 발칸반도에서는 집중을 초래할 영토 재분할 과정이 분명하게 등장하고 있다. 아프리카에서는 복잡하게 얽힌 식민지 보유 관계의 변화가 예상된다. 다른 한편, 우리는 독일과 오스트리아-헝가리 사이의 (신디케이트 간의 지속적 협정이라는 형태의) 매우 강력한 관계 회복을 보고 있다. 전쟁의 구체적 결과가 어떠하든 오늘날 이미 분명한 것은 (그리고 선험적으로도 예상할 수 있었듯) 정치 지형이 더 큰 국가 통합의 방향으로 변화할 것이라는 점이다. 이것이야말로 제국주의적 '국민국가'가 발전하는 방식이다.

일반적 발전 경향이 (전쟁에 의해 강화되기만 할 뿐이고) 더 한층의 집중 과정에 있다면, 전쟁은 또한 대단히 강력한 내부 조직을 지닌 가장 큰 국가자본주의 트러스트 하나를 세계 각축장에 등장하도록 강력하게 촉진하게 된다. 그것은 바로 미국을 뜻한다.

전쟁은 미국을 완전히 특수한 조건에 놓이게 만들었다. 러시아의 곡물 수출 등이 중단되자 미국 농산물에 대한 수요가 증가했다. 다른 한편 미국의 군수산업 생산물에 대한 교전국의 수요가 크게 늘었다.[1] 마지막으로 대부자본(해외 차관 등)에 대한 수요도 미국을 향해 있었다. 지금까지 미국은 대체로 유럽의 채무국이었지만, 전쟁은 이 관계를 순식간에 바꿔 놓았다. 미국은 빠르게 모든 채무를 변제했다. 경상계정과 단기신용 영역에서 미국은 유럽의 채권국이 됐다. 금융 부문에서 미국의 구실이 커진 것에는 또 다른 중요한 측면이 있다. 앞서 서술했듯이, 아메리카 대륙의 부차적인 나라들은 유럽, 특히 영국과 프랑스에서 자본을 수입했다. 미국에서도 자본을 수입했지만 미국 자신이 유럽 자본의 수입국이었으므로 그다지 중요하지 않았다. 그러나 전쟁 동안 캐나다, 아르헨티나, 파나마, 볼리비아, 코스타리카는 유럽이 아닌 미국에서 차관을 들여왔다. '아메리카' 나라들이 들여온 금액은 적었지만, 이 거래에서 특징적인 것은 방금 열거한 나라들이 평소 런던금융시장의 고객이었다는 점이다.

이처럼 전쟁 동안 뉴욕은 런던을 밀어내고 이른바 범汎아메리카주의 계획의 금융 부문을 실현하는 데 박차를 가했다.[2] 전쟁이 앞으로도 계속돼 전쟁 비용 지불과 차관 [도입]이 이어지고, 그 뒤 전후에 (고정자본 재건 등에 필요한) 막대한 자본 수요가 발생한다면 금융 부문에서 미국의 중요성은 훨씬 더 커질 것이다. 미국은 자본축적이 빨라지고, 다른 아메리카 나라들에 대한 영향력이 커지고, 국제 경쟁에서 차지하는 역할이 빠르게 성장할 것이다.[3]

미국의 사례는 거대한 국가자본주의 트러스트가 어떻게 성장하고 강고해지는지, 한때 유럽에 의존했던 국가와 지역을 어떻게 흡수해 가는지를 보여 준다. 아메리카 대륙의 세계적 관계가 확장됨과 동시에 이 지역의 '국민적' 결속도 이례적으로 강화되고 있다. 교전국들 내부에서는 '국민화' 경향이 더욱 강하다. 국제적 상품 교환은 파괴되고, 교전국 간 자본과 노동력의 이동이 멈추고, 이 나라들 사이의 거의 모든 관계가 단절됐다. '국민'경제의 틀 안에서 생산력의 급속한 재배분이 이뤄지고 있다.(가장 좋은 사례가 독일이다. 독일은 세계의 다른 나라들로부터 거의 완전하게 분리돼 있기 때문이다.) 이런 재배분은 군수공업에만 한정되지 않는다(독일에서는 심지어 피아노 공장조차 탄환을 만드는 새로운 임무에 적응하고 있다). 식료품 생산과 농업 일반에서도 재배분이 이뤄지고 있다. 이처럼 전쟁은 경제적 아우타르키(자급자족) 경향을, '국민'경제가 많든 적든 세계적 관계에서 고립돼 자급자족적 전체로 바뀌는 경향을 대단히 강화했다. 그런데 이것은 이런 경향이 변함없이 계속될 거라는 뜻일까? 세계경제가 서로 완전히 고립된 다수의 독립적 부분으로 분열하는 결과를 초래할까? 유토피아적 제국주의는 대체로 그렇게 생각한다. 제국주의 이데올로그들은 분명히 모든 것을 '자국에서' 생산하는 상태, '외국에 의존하지 않는' 상태 등을 위해 노력한다. 그들은 필요한 '경제적 보완물'을 차지하고 자국을 위해 원료 자원을 확보하면 문제가 해결된다고 생각한다. 그러나 이 주장은 비판을 전혀 견뎌 낼 수 없다. 여기서 제국주의자 신사 양반들은 다음과 같은 사실을 완전히 망각하고 있다. 즉, 자신들의 침략 활동이 세계적 경제 관계의 성장과 상품·자본 수출의 확대와 원료 수입의 증대 등을 의미한다는 것을 말이다. 따라서 제국주의 정책은 어떤 관점에서 보면 모순적이다. 한편에서 제국주의적 부르주아지는 세계 관계를 최대한 발전시켜야 하며(예컨대, 카르텔의 덤핑을 보라), 다른 한편에서는 관세장벽을 세워 세계와 단절한다. 한편에서는 자본을 수출하고, 다른 한편에서는 외국인의 [자국] 침투를 한탄한다. 한마디로, 그들은 한편에서 경제생활을 국제화하고, 다른 한편에서 전력을 다해 경제생활을 '국민적' 틀 안에 가두려고 한다. 그러나 온갖 장애에도 불구하고 국제적 관계의 토대는 더욱더 확대되고 있다. 그러므로 펠릭스 피너의 다음과 같은 말은 완전히 옳다.

> 해외무역의 이례적 팽창이 이처럼 엄격한 국가주의적 경제정책의 시대에 벌어졌음을 생각하면 우리는 다음을 인정할 수밖에 없다. 지금껏 경제적 쇄국 경향이 국제 관계를 파괴할 수 없었던 것처럼, 전쟁과 그것이 강대국에서 야기한 정치적 여론도 국제 관계를 파괴할 수 없다는 것을 말이다.[4]

전쟁 동안에도, 한 지역에서 경제 관계가 소멸하거나 약화되면 다른 지역에서 경제 관계가 일정하게 강화된다. 러시아에서는 독일의 주도적 영향력이 사라졌지만 이는 연합국의 주도적 구실에 자리를 내줬을 뿐이다. 물론 이게 전부는 아니다. 우리는 자본가들의 활동을 규정하는 요소가 이윤 획득에 있다는 점을 봐야 한다. 전쟁은 '현대 부르주아'의 '기업 활동' 가운데 하나에 불과하다. 전쟁이 끝나면 부르주아지는 예전처럼 열심히 낡은 관계를 복원할 것이다(부르주아지는 심지어 전쟁 동안에도 밀수품을 거래한다). 왜냐하면 자본주의적 이해관계가 그것을 요구하기 때문이다. 국제적 분업과 상이한 자연적·사회적 조건은 세계대전조차 파괴할 수 없는 경제적 전제 조건이다. 이것이 사실이라면 국제 거래 과정에는 일정한 가치 관계가 있고, 따라서 이윤 극대화를 위한 일정한 조건도 존재한다는 것이다. 경제적 자급자족이 아니라 국제 관계가 강화되고, 동시에 '국민적' 통합과 세계 경쟁에 기반한 새로운 투쟁의 성장이 수반된다. 이것이 앞으로 진화하게 될 길이다.

따라서 전쟁이 세계 자본의 일반적 발전 과정을 멈출 수 없다면, 반대로 집중 과정의 최대 확장을 표현한다면, 전쟁은 개별 '국민'경제 구조에 다음과 같은 방식으로 영향을 미칠 것이다. 즉, 전쟁은 개별 '국민' 유기체의 틀 안에서 집중을 강화하고, 한편에서는 생산력을 대규모로 낭비하지만, 다른 한편에서는 '국민경제'를 조직화해 금융자본과 국가의 결합된 권력 아래 점점 더 강력하게 종속시킨다.

경제에 미치는 영향이라는 관점에서 보면, 전쟁은 많은 측면에서 산업공황을 떠올리게 한다. 물론 전쟁은 더 강력한 사회 격동과 황폐화를 초래한다는 점에서 공황과는 다르다. 이런 황폐화는 경제적으로 우선 부르주아지 중간층에 작용하는데, 그들은 산업공황 때와 꼭 마찬가지로 급속히 사멸한다. 시장이 소멸하면 모든 생산 부문이 붕괴한다. 왜냐하면 지불 능력이 있는 수요가 사라지고, 지금까지 굳건히 뿌리내렸던 모든 관계가 파괴되며, 신용제도 전체가 뒤흔들리기 때문이다. 가장 고통받는 것은 (물론 노동자들이지만 그들을 제외하면) 부르주아지 중간층이다. 즉, 이들이 가장 먼저 파산한다. 반면 비교적 규모가 크고 카르텔화한 산업은 이 상황을 결코 나쁘게만 받아들이지 않는다. 다수의 대기업, 특히 군수품 공급과 밀접한 관계를 맺는 중공업은 더욱더 많은 이윤을 손에 넣는다(이른바 '전쟁 특수'). 이를 구체적으로 설명할 통계 자료는 풍부하다. 생산되는 잉여가치 총액은 증가하지 않지만(거대한 노동력이 군대로 빨려 들어가기 때문에 잉여가치 총액은 오히려 감소한다), 대규모 부르주아지 집단의 이윤은 증가한다. 그것은 다른 부르주아지 집단의 이윤, 카르텔을 구성하지 않은 중소 집단들의 이윤을 상당히 희생시키는 것을 통해 이뤄진다(다른 한편, 이런 이윤의 증가는 미래에 갚아야 할 어음인 유가증권 총액의 증가로도 설명된다). 생산력이 거대하게 낭비되는 곳, 사회 고정자본이 '탕진'되는 곳에서는[5] 의심의 여지없이 여러 집단들 사이에서 급속한 지위 변화가 일어나고, 대大부르주아지 부문이 상대적으로 성장한다. 이 경향은 전쟁과 함께 중단되지 않을 것이다. 만일 대부르주아지가 전쟁 동안 자신들의 지위를 유지·강화한다면 전후 거대한 자본 수요는 대형 은행의 급속한 성장을 촉진하고, 따라서 자본의 급속한 집중과 집적도 촉진할 것이다. 전쟁의 상처를 치유하려는 열광적 시대가 시작될 것이다. 파괴되거나 고갈된 철도, 작업장, 공장, 기계와 기구, 운수 부문의 차량 등을 재건하는 시대가 시작될 것이다. 이때 군사적 국가기구의 회복과 확장이 소홀히 다뤄지는 일은 결코 없을 것이다. 이 모든 것이 자본 수요를 크게 늘려 은행신디케이트의 지위를 강화할 것이다.[6]

금융자본 집단이 한층 강력해지는 한편, 경제생활에 대한 국가 개입도 눈에 띄게 증대하고 있다.[7]

여기에는 다음과 같은 것이 포함된다. 우선, (생산과 상업에 대한) 국가 독점이 형성됐다. 국가나 지방자치단체가 사적 신디케이트나 트러스트와 함께 투자한 이른바 '혼합 기업' 조직도 있다. 그리고 사기업의 생산과정에 대한 국가 통제(생산에 대한 강제, 생산방식에 대한 규제 등), 분배 통제(생산물의 의무적 인도와 인수, 국유 '중앙 배급소' 조직, 원료·연료·식료품을 위한 국유 저장고, 가격통제, 빵·고기 등의 배급표, 수입·수출 금지 등), 국가 신용 조직, 국가 소비 조직(지역 단위의 공동 취사장)이 있다.[8]

영국에서는 그 밖에 다음과 같은 것이 도입됐다. 해상 화물의 국가보험, 상업어음의 국가 보증, 당장 회수할 수 없는 해외의 영국 상인 소유의 자금에 대한 국가 지급 등이다. 정도의 차이는 있지만 모든 교전국이 유사한 정책을 도입했다.

'산업동원' 즉 산업의 군사화는 더 발전한 기업가 조직인 카르텔, 신디케이트, 트러스트가 강력한 곳에서는 쉽게 달성됐다. 이 자본가 조직들은 (근본적으로 자신들의 이익을 위해 시작된 전쟁이니만큼) 자신들이 지배하는 모든 기구를 자신들과 가장 밀접한 관계에 있는 제국주의 국가에 제공했다. 그렇게 그들은 직접적 생산과정부터 신용 순환의 세부적 부분에 이르기까지 모든 경제생활을 군사화할 기술적·경제적 가능성을 확보했다. 바로 산업이 카르텔로 조직된 곳에서 산업'동원'이 가장 큰 규모로 이뤄졌다. 피너는 독일에 대해 다음과 같이 썼다.

> 대부분의 경제활동은 이미 수십 년 동안 밀접하게 결합돼서 거의 공동체적 성격을 띠고 있다. 국민생산의 대부분이 흡수돼 단일 경영 아래 들어갔다. 이것이 카르텔과 신디케이트다.[9]

산업동원의 목적과 중요성은 영국 [군수부] 장관 로이드조지의 [1915년] 6월 3일 맨체스터 연설에서 분명히 알 수 있다.

> 국방에 관한 법률은 우리[즉, 정부 — 부하린]에게 모든 공장을 지배할 전권을 부여하고 있습니다. 이 법률은 정부가 필요한 일을 가장 우선적으로 지시할 수 있도록 하고 있습니다. 우리는 모든 공장을 자유롭게 처리할 수 있습니다. 우리는 모든 기계를 자유롭게 처리할 수 있습니다. 그리고 만일 우리가 어떤 어려움에 처한다면 군수부는 이 법률의 도움으로 가장 유효한 조치를 취할 수 있습니다.[10]

이와 비슷한 방안이 프랑스와[11] 러시아에서도 채택됐다. 전쟁은 사기업의 생산 활동에 대한 국가권력의 직접 통제 외에도 일정한 국가 독점을 만들어 냈다. 영국에서는 철도가 국유화됐다. 독일에서는 곡물, 감자, 질산염 등이 독점화됐고, 다른 많은 것에서도 독점화가 예상된다(이에 대해서는 뒤에 살펴보겠다). 탄광업조차 '혼합' 카르텔로 전환했는데, 이 카르텔에서는 신디케이트가 국가와 협력하고 있다.[12] 지금까지 살펴본 사례는 생산 영역에 대한 국가의 직접적 개입이다. 다른 한편 국가 개입은 신용 관계를 통해서도 매우 효과적으로 실행되고 있다. 대표적인 것이 독일의 '금융 동원'과 그 활동이다. 독일 제국은행은 이미 전쟁 초기부터 다른 대형 은행들을 통해 활동해 왔지만, 제국은행의 중요성은 나중에 다른 측면에서 커졌다. 예를 들어, 이른바 '대부 은행'의 설립이다. 이 은행은 제국은행에 의존하는 국가기관이며, 곧 독일 신용 활동의 중요한 요소가 됐다.[13] 제국은행이 직접 대중을 상대로 모집한 국내 군사공채도 커다란 구실을 했다. 이처럼 전쟁 전에도 독일 경제생활에서 특히 중요한 구실을 했던 제국은행은 그 중요성이 크게 높아져서 유휴자본을 모으는 매우 강력한 중심이 됐다. 한편 제국은행은 성장하는 국유기업과 그 경제조직에게 융자하는 기관으로서도 갈수록 중요성이 커지고 있다. 이처럼 국가의 중앙은행 기관은 전체 국가자본주의 트러스트의 '황금의 정점'이 된다.

이런 종류의 발전이 독일에서만 진행된다고 생각해서는 안 된다. 동일한 과정이 약간씩 다르게 모든 교전국에서 이루어지고 있다(비교전국에서도 진행되고 있지만 물론 그것의 발전 정도는 약하다).

우리는 여기서 우리 견해에서 매우 중요한 문제 가운데 하나인 국가 독점과 그것의 미래에 대한 문제를 더욱 자세히 살펴봐야 한다. 헬페리히 박사는 1915년 8월 독일 제국의회에서 다음과 같이 말했다.

> 정확한 조사에 따르면, 이번 세계대전의 총비용은 모든 참전국을 더해 하루 약 3억 마르크, 한 해 약 1000억 마르크로 추산됩니다. (경청! 경청!) 이것은 역사상 전례가 없는 가장 큰 가치 파괴이며 가치 이동입니다.[14]

'재정에 관해서는 장군'[재무부 장관]인 헬페리히 박사가 언급한 수치가 현실의 '전쟁 총비용'에 대해 아무것도 알려 주지 않는다는 점은 분명하다. 왜냐하면 이 수치는 국가권력이 직접적으로 지출한 전쟁 비용만을 다루기 때문이다. 그러나 이와 관련해 우리는 바로 이 특수한 비용에 관심이 있다. 따라서 여기서 군사공채에 대한 더 상세한 자료를 든다면 도움이 될 것이다. 국가는 경상수입의 일부도 전쟁에 사용하지만, 그럼에도 다음에 살펴볼 상세한 수치는 전쟁 비용이 얼마나 거대한지를 어느 정도 알려 줄 수 있다(표 20).[15]

〈표 20〉 6대 교전국의 군사공채

영국(단위: 1000파운드)	
3.5% 이자부 공채, 1914년 11월	350,000
3% 이자부 공채, 1915년 3월	33,600
4.5% 이자부 공채, 1915년 7월	585,000
5% 이자부 아메리카 공채, 1915년 10월	50,000
재무부 증권	214,000
합계	1,232,600
루블화로 환산한 금액(단위: 1000루블)	11,660,396
프랑스(단위: 1000프랑)	
프랑스은행으로부터 차입금	7,000,000
재무부 보증으로 프랑스은행이 동맹국에 융자한 대부	530,000
3.5% 이자부 공채, 1914년 7월	500,000
채권	7,871,000
채무	2,241,000
영국에서 차입	1,250,000
미국에서 차입	1,250,000
합계	20,642,000
루블화로 환산한 금액(단위: 1000루블)	7,755,000
러시아(단위: 1000루블)	
국립은행 할인 5% 이자부 채권	2,650,000
5% 이자부 공채, 1914년 10월	500,000
5% 이자부 공채, 1915년 2월	500,000
5.5% 이자부 공채, 1915년 5월	1,000,000
4% 이자부 채권, 1914년 8월	300,000
4% 이자부 채권, 1915년 3월	300,000
영국 재무부 증권 할인	1,248,324
프랑스 재무부 증권 할인	234,750
1915년 4월 공채	200,000

5.5% 이자부 공채, 1915년 11월	1,000,000
합계	7,933,074
이탈리아(단위: 1000리라)	
4.5% 이자부 공채, 1914년 12월	1,000,000
5% 이자부 공채, 1915년 7월	1,000,000
이탈리아은행으로부터 차입	1,216,350
합계	3,216,350
루블화로 환산한 금액(단위: 1000루블)	1,206,129
독일(단위: 100만 마르크)	
5% 이자부 공채, 1914년 9월	3,492
5% 이자부 채무, 1914년 9월	1,000
5% 이자부 공채, 1915년 2월	9,103
5% 이자부 공채, 1915년 9월	12,101
재무부 증권	4,304
합계	30,000
루블화로 환산한 금액(단위: 1000루블)	13,890,000
오스트리아-헝가리(단위: 100만 크로네)	
5% 이자부 공채, 1914년 11월	2,300
6% 이자부 공채, 1914년 11월	1,170
5.5% 공채, 1915년 5월	2,780
6% 이자부 공채, 1915년 6월	1,124
독일의 6% 이자부 공채(총액), 1914년 11월	248
독일의 6% 이자부 공채(총액), 1915년 7월	253
당좌 차입금	5,112
합계	12,987
루블화로 환산한 금액(단위: 1000루블)	5,112,982
6개국 전체 총액: 47,557,581,000루블(러시아 국가 예산의 15년치)	

우리는 여기서 1915년 《베스트니크 피난소프》 44호에 인용된 표를 사용했다. 이것은 단지 6대 교전국의 군사공채만 보여주고 있음을 강조해 두겠다(전체 교전국은 12개국이다). 자명한 일이지만, 이처럼 전례 없는 대규모 지출이 이뤄지고 게다가 그 목적이 더 많은 가치 파괴라면, 국가 채무는 비정상적으로 증가하고 국가 재정 조직은 교란될 것이다. 국가의 재정 균형이 심각하게 파괴되기 때문에 국고를 충당하기 위한 추가 재원이 필요해진다. 왜냐하면 앞으로 막대한 전후 비용(국채 이자 지불, 부상병 가족 원조 등) 지출이 예상되기 때문이다. 예컨대 독일의 국가 수입은 적어도 갑절로 늘어야 할 것이다.[16] 국가는 통상적 국가 수입(국유기업, 직·간접세)을 유지하는 정도로는 지출을 충당할 수 없기 때문에 국가 독점을 확대할 수밖에 없다. 부르주아지의 지도적 집단들 사이에서는 이런 생각이 차츰 자리잡고 있다. 결국 국가의 힘은 그들 자신의 힘이기 때문이다. 이것이 독일 은행들의 '과학적' 기관지가 펠릭스 피너 박사의 입을 통해 말하려는 것이다.

> 전쟁 전에는 독점 일반이나 특정 독점에 대해 날카로운 원칙적 대립이 있어 의견이 분열돼 있었다. 그러나 이 원칙적 대립은 하룻밤에 사라졌다. … 거의 모두가 다음과 같이 생각한다. 즉, 알코올, 석유, 전기[더 정확하게는 '전류' — 부하린], 성냥의 독점 계획과 그리

고 아마도 석탄, 소금, 칼륨, 담배, 보험의 독점 계획이 조만간 실현될 것이라고 말이다.[17]

이런 상황에서 독점 경향은 앞으로 더욱 확대될 가능성이 매우 높다. 전기 생산을 예로 들어 보자. 전기 생산과 경쟁하는 것은 가스 생산이다. 따라서 가스 독점도 일어날 수 있다. 훨씬 더 가능성이 높은 것은 독점에 근접한 기업에 국가권력을 확장하는 것이다. 국가가 탄광업을 독점하면 선철 생산도 영향을 받는다. 이런 사례는 얼마든지 들 수 있다. 그러나 여기서 다음과 같은 문제가 제기된다. 이 모든 계획은 탁상공론에 불과한 것 아닐까? 그것은 부르주아지 자신의 저항에 부딪히지 않을까?

우리는 앞서 국가 독점에 대한 인식 변화를 언급했다. 물론, 오늘날에도 이런저런 측면에서 이해관계가 충돌하는 여러 부르주아지 집단이 존재한다. 그러나 전쟁으로 강화된 경제적 진화 덕분에 부르주아지 전체가 국가권력의 독점적 개입을 더욱 호의적으로 받아들이게 될 것이고 실제로 그렇게 되고 있다. 이 현상의 근본 원인은 국가권력이 금융자본의 지도적 집단과 실제로 훨씬 긴밀한 관계를 맺고 있다는 데 있다. 국유기업과 사적 독점기업은 국가자본주의 트러스트 안에서 융합하고 있다. 국가의 이익과 금융자본의 이익은 더욱더 일치되고 있다. 다른 한편 세계시장을 둘러싼 경쟁이 놀라울 만큼 치열해져서 집중의 극대화와 국가권력의 극대화가 필요해졌다. 한편으로 이 두 가지 원인과 다른 한편으로 재정에 대한 고려가 자본주의 틀 안에서 생산이 국유화되는 주된 이유다.

부르주아지 처지에서는 생산을 한 손에서 다른 손으로 옮기는 것일 뿐 아무것도 잃는 게 없다. 현대 국가권력은 거대하고 강력한 기업가 연합과 다름없기 때문이다. 게다가 이 국가라는 기업가 연합은 은행과 신디케이트에서 지도적 지위에 있는 사람들을 우두머리로 두고 있다. 달라진 점은 부르주아지의 수입이 신디케이트가 아닌 국유 은행으로부터 나온다는 것뿐이다. 그러나 부르주아지는 이런 이전으로 많은 것을 손에 넣는다. 생산이 집중화되고 군사화됐을 때, 즉 생산을 국가가 조직화할 때에만 부르주아지는 피비린내 나는 전투에서 승자가 되기를 바랄 수 있기 때문이다.

현대 전쟁은 재정적 '자금 조달'만으로 가능하지 않다. 현대 전쟁을 성공적으로 수행하려면, 공장과 작업장, 광산과 농업, 은행과 증권거래소, 즉 모든 것이 전쟁에 '복무'해야 한다. '총력전'이 부르주아지의 슬로건이다. 전쟁과 제국주의적 전쟁 준비의 필요성 때문에 부르주아지는 새로운 형태의 자본주의를 채택하고 생산과 분배를 국가권력 아래 두며 낡은 부르주아적 개인주의를 완전히 파괴할 수밖에 없다.

물론 전쟁 동안 이뤄진 모든 조치가 전후에도 유지되지는 않을 것이다. 예컨대 빵과 고기 배급제, 일부 생산물의 생산 금지 등의 조치는 모두 강화가 맺어진 뒤 사라질 것이다. 그러나 생산에 대한 국가 지배 경향이 더욱 강화될 것이라는 점에는 의문의 여지가 없다. 아마도 여러 산업 부문에서 '혼합 기업' 형태로 국가와 사적 자본주의 독점 사이의 협동 작업이 도입될 것이다. 반대로, 군수산업에서는 아마도 순수 국가적 생산 형태가 잔존할 것이다. 쿠노는 국민경제의 미래를 "은행자본가의 지배, 산업의 집적 확대, 국가 통제와 국유기업의 증대"로 규정했는데, 이것은 완전히 옳다.[18]

산업의 조직화 과정과 국가 경제활동의 강화 과정은, 야페 교수의 표현을 빌리면, 경제구조의 이런 원칙적 변화가 갖는 사회적 의미에 대해 일반적 문제를 제기한다. 이 문제에서 가장 먼저 존재감을 드러내는 것이 이른바 국가사회주의자들인데, 이들은 주로 독일의 대학 교수들 사이에서 지지받고 있다. 카를리스 발로디스는 유토피아의 부활을 그야말로 진지하게 제기하며, 국가 독점 등이 이미 다른 생산구조를 실현했다고 믿는다.[19] 야페는 경제생활의 군사화가 사회주의와 다른 주된 이유를, 사회주의 개념은 '행복설적* 사상 경향'과 연결돼 있는 데 반해 전

* 행복설eudaemonism 행위의 도덕적 가치를 판단할 때 행복을 가져다주는지의 여부가 기초가 된다는 사상.

쟁에서 개인은 완전히 '전체'에 봉사하기 때문이라고 썼다.[20] 광산업의 미래에 대한 크라만 교수의 다음과 같은 주장은 매우 기이하다.

> 국가권력은 현재 군사적 고려 때문에 국가 유지와 국토방위[에 필요한] 수단을 모두 강력히 통제하고 있다. 이는 우리를 국가사회주의로 이끌며 광산업에서도 마찬가지다. 그러나 이것은, 전쟁 전에 일부 사람들은 두려워하고 일부 사람들은 기대하던 그런 길이 아니다. 우리가 다가가고 있는 것은 국제적으로 약화된 사회주의가 아닌 국민적으로 강화된 사회주의다. 이것은 민주주의적 공산주의가 아니고 하물며 귀족적 계급 지배도 아닌 계급 화해적 국가주의다. 1914년 8월 1일 [세계대전이 발발한] 이래 우리는 전례 없는 엄청난 속도로 이것에 다가가고 있다.[21]

현대 '국가사회주의'의 이런 "원칙적으로 변화"한 모습이 보여주는 것은 무엇일까? 이에 대한 답은 우리의 앞선 설명에서 자연스레 알 수 있다. 즉, 우리가 직면하고 있는 것은 국가자본주의 트러스트의 틀 안에서 더욱 가속화하는 집중의 과정이고, 여기서 국가자본주의 트러스트는 국가사회주의가 아닌 국가자본주의의 최고 형태로 발전하고 있는 것이다. 이것은 결코 원칙적으로 새로운 생산구조, 즉 계급 관계의 변화가 아니다. 반대로 우리는 생산수단을 전례 없는 규모로 소유한 계급의 강력한 권력을 보게 된다. 따라서 이 사태를 탈脫자본주의 관계에 적합한 용어로 설명하는 것은 대단히 위험할 뿐 아니라 지극히 우스꽝스럽다. '전시사회주의'나 '국가사회주의'라는 용어는 사람들을 현혹해 결코 근사하지 않은 현실의 내용을 '근사한' 말로 은폐할 직접적 목적에서 유포된 것이다. 자본주의 생산양식은 상품 교환의 일반적인 틀 내에서 자본가계급이 생산수단을 독점하는 것에 기초를 두고 있다. 이때 독점의 직접적 표현이 국가권력이든 '사적' 조직이든 본질적으로 차이가 없다. 어느 경우든 상품경제(무엇보다 세계시장)가 존재하고 있고, 더 중요하게는 프롤레타리아와 부르주아지 사이의 계급 관계가 존재한다.[22]

따라서 미래의 경제형태는 (자본주의 일반이 유지되는 한) 국가자본주의와 유사한 경제형태가 될 것이다. 전쟁으로 더욱 가속화된 국가자본주의 트러스트의 발전은 다시 국가자본주의 트러스트 사이의 세계적 투쟁에 반작용한다. 앞서 봤듯이, 자본주의 국가가 국가자본주의 트러스트로 전화하는 경향은 이들 국가의 상호 관계에 반작용한다. '국민적' 유기체 내부의 독점 경향은 곧바로 외부를 향한 독점적·침략적 경향을 불러일으켰다. 이것은 경쟁과 그 결과를 첨예하게 만들었다. 국내 집중이 발전할수록 이 첨예한 정세는 극도로 격렬해질 것이다. 게다가 자본 활동을 위한 자유로운 영역은 급속하게 축소되고 있다.

따라서 가까운 미래에 가장 격렬한 투쟁이 벌어질 것이다. 전쟁의 기운이 사회 분위기를 끊임없이 압도할 것이다. 이는 조금치도 의문의 여지가 없다. 이 상황의 외부적 표현 하나가 군국주의와 제국주의적 정서의 놀라운 성장이다. '자유'와 '개인주의'의 나라 영국은 벌써부터 관세와 상비군을 도입했다. 국가 재정은 군국주의화하고 있다. 미국은 엄청난 규모로 전쟁 준비를 갖추고 있다. 동일한 현상이 독일, 프랑스, 일본 등 모든 곳에서 벌어지고 있다. 목가적인 '평화적' 공존의 시대는 망각 속으로 지고, 자본주의 사회는 사납게 몰아치는 세계대전의 태풍 속으로 휘말려 들고 있다.

계급 관계의 미래에 대해서도 몇 마디 덧붙여야겠다. 왜냐하면 새로운 형태의 자본주의적 관계가 다양한 사회집단의 상황에 반영될 수밖에 없다는 것이 선험적으로 분명하기 때문이다. 근본적인 경제적 질문은 다음과 같다. '국민'소득의 다양한 부분의 운명은 어떻게 될까? 다시 말해, '국민' 생산물이 다양한 사회 계급들 사이에서 어떻게 분배될까? 무엇보다 노동계급의 '몫'은 어떻게 될까? 이때 우리는 이 과정이 모든 발전한 나라들에서 다소간 유사하게 진행된다는 점과 '국민'경제에 들어맞는 법칙은 세계경제에도 적용된다는 점을 전제한다.

가장 먼저 심각한 실질임금 저하 경향을 지적해야 한다. 본질적으로 자본주의 생산의 불균형에서 기인한 높은 물가는 사라지기는커녕 오히려 심각해질 것이다(물론 우리는 특수한 '전시' 고高물가에 대해 말하는 게 아니다). 세계 공업과 세계 농업 사이의 불균형은 점점 더 악화할 것이다. 우리 시대가 농업국의 급속한 공업화 단계에 들어섰기 때문이다. 군국주의의 성장과 전쟁은 조세 부담을 최대한으로 끌어올릴 것이다. 러시아의 한 경제지는 "과세할 수 있는 모든 것에 세금이 부과될 것이다. 과세 대상은 모두 가장 많은 부담을 지게 될 것이다" 하고 썼다.[23] 이것은 결코 공허한 말이 아니다. 비생산적 지출이 거대하고 국가 재정이 재건되려는 때에 직접세와 간접세 증가는 피할 수 없다. 높은 물가는 다른 원인도 있다. 첫째, 관세율 인상 결과로 가격이 오른다. 둘째, 더불어 카르텔화한 산업 부문에서 독점가격이 상승하며 국가 독점은 재정적 이유에서 생산물 가격을 올린다. 그 결과 생산물의 더 많은 부분을 부르주아지와 그 국가가 소유할 것이다.

다른 한편, 노동계급으로부터 일어나는 대항적 경향은, 국가와 하나가 돼 결합되고 조직화한 부르주아지 측의 커다란 저항에 부딪힐 것이다. 과거에 노동자들이 일반적으로 쟁취했던 것은 이제 거의 불가능해진다. 노동자들의 상태는 상대적으로뿐 아니라 절대적으로도 악화된다. 계급적 적대 관계가 필연적으로 첨예해진다. 이 적대 관계는 또 다른 이유로도 첨예해진다. 사회의 국가자본주의적 구조는 노동계급의 경제 상태를 악화시킬 뿐 아니라 노동계급을 공식적으로 제국주의 국가의 노예로 만든다. 사실 전쟁 전에도 국유기업 노동자는 단결권, 파업권 등 얼마간의 가장 기본적 권리조차 박탈당했다. 철도나 우체국의 파업은 내란죄에 가까운 행위로 간주됐다. 이런 범주의 프롤레타리아는 전쟁으로 인해 고용주의 더욱 억압적인 강압 아래 놓이게 됐다. 국가자본주의가 거의 모든 산업부문에 '사활적 중요성'을 부여하고 전쟁의 이해관계에 직접 봉사하게끔 하면서 [노동자 권리에 대한] 법률적 억압이 생산 부문 전체로 확대된다. 노동자는 이동의 자유, 파업할 권리, 이른바 '반국가적' 정당에 가입할 권리, 직장을 선택할 권리 등을 빼앗긴다. 노동자는 토지가 아닌 공장에 결박된 노예로 전락한다. 그들은 자신의 조직 체계 안으로 생산 전체를 흡수한 제국주의적 침략 국가의 백인 노예가 된다.

이리하여 계급 대립은 지금까지 절대 불가능했을 정도의 수준에 도달한다. 계급 간 관계는 가장 명백하고 가장 알기 쉬운 형태가 된다. '계급을 넘어선 국가'라는 신화가 사람들 머릿속에서 사라진다. 왜냐하면 국가가 직접적 기업가이자 생산 조직자로 변화하기 때문이다. 여러 매개 고리에 의해 은폐돼 있던 소유관계가 실오라기 하나 걸치지 않은 본연의 모습을 드러낸다. 이것이 전쟁과 전쟁 사이 짧은 중간 기간에 있는 노동자들의 상황이라면 전쟁 동안 그들의 상태가 더욱 나빠지리란 것은 의심의 여지가 없다. 따라서 전쟁 초기 영국 금융업자들의 잡지인 〈이코노미스트〉가 한 다음과 같은 지적은 완전히 옳았다. 전쟁과 함께 세계는 가장 격렬한 사회갈등의 시대로 접어들었다.

14장

세계경제와 프롤레타리아 사회주의

1. 사회관계의 양극인 자본가와 노동자
2. 이해관계의 계급적 대립과 상대적 결속
3. 장기적 이해관계와 일시적 이해관계
4. 노동과 자본 사이의 이른바 가부장적 관계
5. 노동계급과 부르주아 국가
6. 노동계급과 부르주아 국가의 제국주의 정책('결속'의 상대적 형태)
7. 노동계급과 전쟁
8. 부르주아 국가에 대한 '협력' 관계의 붕괴와 혁명적 사회주의의 부활

전쟁 초기에는 자본주의의 위기가 아니라(부르주아지와 프롤

레타리아 진영의 가장 명민한 사람들만이 자본주의 위기의 맹아를 인지할 수 있었다) '사회주의' 인터내셔널의 붕괴가 나타났다. 많은 사람들이 이 현상을 설명하려 했다. 그들은 한결같이 개별 국가의 내부 관계를 분석하는 데서만 출발했다. 그러나 이런 방법으로는 이 현상을 결코 설명할 수 없다. 왜냐하면 프롤레타리아 운동의 붕괴는 세계경제의 틀 안에서 '국가자본주의 트러스트'들이 불균등했던 것의 결과이기 때문이다. 세계 자본주의의 경향을 분석하지 않고서는 현대 자본주의와 그것의 제국주의 정책을 이해할 수 없듯이 프롤레타리아 운동의 기본 경향을 이해하기 위해서도 반드시 세계 자본주의에 대한 분석에서 출발해야 한다.

자본은 노동을 전제한다. 노동은 자본을 전제한다. 자본주의적 생산방식은 사람들 사이의 그리고 사회 계급들 사이의 일정한 관계이며, 하나는 다른 하나의 존재를 서로 전제한다. 이 관점에서 보면 자본가와 노동자는 모두 동일한 자본주의 사회의 성원이며, 구성 요소이고, 양극이다. 자본주의 사회가 존재하는 한 이 대립하는 계급들의 상호 의존도 존재한다. 이 의존 관계는 본질적으로는 서로 모순되는 이해가 상대적 결속이라는 형태로 나타나는 것이다. 이 '결속'은 일시적 이해의 결속이지 동일한 계급 성원을 단결시키는 영속적 결속이 아니다. 그러나 부르주아 경제학이나 부르주아 경제학의 '사회주의'적 추종자들은,

사회적 규모의 계급투쟁이라는 관점에서 보면 과도적이고 순간적이며 그야말로 우연적인 것을 본질적인 것이라고 본다. 그들은 나무를 보되 숲을 보지 않는다. 이렇게 그들은 필연적으로 금융자본의 충실한 하수인으로 전락한다.

예를 들어 보자. 누구나 아는 사실이지만, 자본주의 초기에는, 즉 노동계급이 처음으로 등장해 소기업주와 분리되기 시작하고 아직 고용주와 노동자 사이에 이른바 '가부장적 관계'가 지배적이었을 때, 노동자들은 자신의 이해와 자신을 착취하는 자의 이해를 상당히 동일시했다.

본질적으로 완전히 대립하는 이해관계를 이처럼 동일시했다는 사실은 물론 우연적인 것이 아니었다. 여기에는 매우 현실적인 토대가 있었다. 당시 노동자들은 대체로 다음과 같이 생각했다. "우리 작업장이 장사가 잘되면 내 처지도 그만큼 좋아질 거야." 이런 사고의 토대는 한 기업이 실현하는 가치 총액이 증가하면 임금도 증가할 수 있다는 가능성에 있었다.

우리는 이런 심리를 여러 형태로 볼 수 있다. 예컨대, 영국 노동조합의 이른바 '길드적 편협함'은* 무엇을 의미하는가? 여기서도 기본적으로 동일한 사고를 볼 수 있다. 즉, 노동자와 자본가

---

* 19세기 영국의 노동조합은 동업조합(길드)의 유산 때문에 대체로 편협하고 보수적인 직업별 노동조합주의 경향을 보였다.

를 두루 포괄하는 우리 생산이, 우리 생산 부문이 무엇보다 우선 번영해야 한다는 것이다. 외부 요소의 개입은 허용되지 않는다.

최근 우리는 고도의 숙련노동이 필요한 기업에서 비슷한 종류의 '지역적 애국주의'를 발견한다. 잘 알려진 미국 평화주의자(동시에 군수품 공급자)인 포드의 공장을 사례로 들 수 있다. 이 공장은 노동자들을 주의 깊게 선발한다. 이 노동자들은 비교적 높은 임금을 받으며, 이직하지 않는다는 조건 아래 다양한 수당과 이윤 배당을 받는다. 결과적으로 속아 넘어간 노동자들은 자신들의 주인에게 '헌신'하게 된다.

동일한 현상은 '국민적 산업', '국민적 노동' 등의 보호 정책을 수반하는 이른바 **노동자 보호주의**에서도 더 광범하게 볼 수 있다. 이런 이데올로기는 호주와 미국 노동자들의 상당 부분에 침투했다. 노동자들은 이렇게 생각한다. '우리'(즉, 자본가와 노동자)는 우리 조국의 산업에 동등한 이해관계가 있다. 왜냐하면 '우리' 산업의 이윤이 늘면 임금도 오를 것이기 때문이다.

여러 기업이 경쟁하는 과정에서 그 기업들의 상태는 결코 동일하지 않다. 어느 정도 앞서 나가는 기업이 있기 마련이며, 이 기업들은 특권적 지위를 누린다. 사회 전체가 생산하는 잉여가치 가운데 이들이 차지하는 부분이 비교적 크다. 왜냐하면, 이 기업들이 한편으로는 특별이윤을, 다른 한편으로는 (우리가 현대 자본주의를 다루는 한) 카르텔 이윤을 손에 넣기 때문이다.

이렇게 어떤 생산 부문에서 자본과 노동의 이해가 일시적으로 결합되는 토대가 생긴다. 이 결합은 노동자가 (궁핍 때문이 아니라) 헌신적으로 자본에 봉사하는 것으로 나타난다.

더없이 분명하게도, 자본가와 노동자 사이의 '이해관계의 결속'은 일시적인 것이며, ('무엇을 할 것인가'라는 관점에서 볼 때) 프롤레타리아의 행동이 그것에 따라 결정돼서는 안 된다. 만일 노동자들이 주인의 옷자락만 영원히 부여잡고자 한다면, 노동자들은 단 한 번의 파업도 할 수 없을 것이고 고용주들은 노동자들을 개별적으로 매수해 물리칠 것이다.

그러나 프롤레타리아는 아직 특수한 일시적 이해를 일반적이고 영속적인 이해와 구별하는 법을 배우지 못했기 때문에 이런 편협한 정서에 물들어 있다. 이런 정서는 계급투쟁의 발전 과정에서만 비로소 극복된다. 계급투쟁은 마침내 지역적 편협함을 타파하고, 노동자들을 단결시키며, 그들을 자본가계급에 대립하는 하나의 계급으로 만든다. 이런 방식으로 개별 기업의 자본가와 노동자 사이의 유대가 끊어졌을 때 가부장제 시대의 정서가 극복됐다. 이렇게 숙련 노동자들의 노동조합이 보인 '길드적 편협함'도 극복됐던 것이다.

19세기 말 자본가와 노동자 사이의 유대는 상당히 파괴됐다. 이들 계급과 그들의 조직은 근본적으로는 적대적 계급으로 서로 대립했다. 그러나 부르주아지의 가장 거대한 조직인 제국주의 국가와 노동계급 사이의 유대는 아직 파괴되지 않았다.

제국주의 국가와 노동계급의 유대는 노동자 애국주의('사회[주의적] 애국주의') 이데올로기와 노동계급이 봉사해야 할 '조국' 이데올로기로 표현됐다.

우리가 세계경제의 전체 영역으로 눈을 돌린다면, 이런 현상의 물질적 토대는 우리가 지금까지 살펴본 모든 것에서 분명해진다.

앞서 봤듯이, 19세기 말과 20세기 초에 경쟁적 투쟁의 상당 부분은 해외시장으로 이동했다. 즉, 세계시장에서 벌어지는 경쟁이 됐다. 그래서 자본의 국가 조직인 '조국'이 국가자본주의 트러스트로 전화했으며, 개별 기업을 대신해 온갖 중장비로 무장하고 세계 투쟁의 무대 위에 등장했다.

이런 관점에서 우리는 가장 먼저 제국주의 국가의 식민정책을 연구해야 한다.

다수의 온건한 국제주의자들 사이에서 다음과 같은 의견이 지배적이다. 즉, 식민정책은 노동계급에게 손해만 가져다주며 이 때문에 식민정책을 거부해야 한다고 말이다. 따라서 그들은 식민지는 전혀 수익성이 없고 부르주아지의 관점에서도 적자를 기록하고 있다는 등을 증명하려는 당연한 욕망에 사로잡힌다. 예컨대, 이를 대표하는 것이 카우츠키다.

불행하게도 이 이론에는 한 가지 결점이 있는데, 완전히 틀렸다는 것이다. 식민정책은 강대국에게, 다시 말해 강대국 지배계급에게, '국가자본주의 트러스트'에게 거대한 수익을 가져다준다. 그렇기 때문에 부르주아지는 식민정책을 강력하게 추진하는 것이다. 그렇다면 여기서 다음과 같은 가능성이 생겨난다. 식민지 원주민과 정복당한 민족에 대한 착취를 대가로 노동자들의 임금이 증가할 수도 있는 것이다.

그것이야말로 강대국 식민정책의 결과였다. 식민정책의 대가를 지불한 것은 유럽 대륙과 영국의 노동자가 아닌 식민지 민족이다. 자본주의의 잔혹함과 추악함, 공포스러움과 수치스러움, 현대 민주주의의 모든 냉소와 탐욕과 야만성이 집중된 곳이 바로 식민지다. 반면 유럽 노동자들은 일시적 이익이라는 관점에서 이익을 얻었다. 왜냐하면 그들은 '산업의 번영' 덕분에 임금이 증가했기 때문이다.

유럽과 미국 산업의 상대적 '번영'은 식민정책이 안전판 구실을 했기에 가능했다. 그렇게 '제3자'(전前자본주의적 생산자)에 대한 착취가 유럽과 미국 노동자의 임금 상승을 초래한 것이다.

여기서 한 가지 매우 중요한 사실을 언급해야 한다. 식민지, 원료 시장과 판매 시장, 투자처, 값싼 노동력 등을 둘러싼 투쟁에서 모든 '국가자본주의 트러스트'가 동일한 성과를 낸 것은 아니라는 점이다. 영국과 독일과 미국이 파죽지세로 세계시장에 진출할 때, 러시아와 이탈리아는 제국주의자들의 온갖 노력에도 불구하고 너무나도 '약하다'는 것이 증명됐다.

이렇게 일부 제국주의적 강대국이 세계적 독점의 후보 자리에 올랐다. 다른 국가들과 비교해 이들이 '경쟁을 초월'한 위치에 있다는 것이 분명해졌다.

경제적 관점에서 볼 때 상황은 다음과 같다. 세계시장을 둘러싼 투쟁 과정에서 세계 잉여가치가 분배된다. '국민경제'에서도 그렇듯 세계시장의 테두리 안에서도 가장 강력한 경쟁자(이 경우 생산구조, 국가의 군비 수준, '자연독점'이 가져다주는 유리한 상황 등과 같은 복잡한 요소를 고려해야 한다)가 초과이윤을 얻고, (비교적 우월한 생산구조가 가져다주는) 일종의 특별이윤과 (독점 확보를 위한 군사 기구의 압력에 따른) 일종의 카르텔 이윤을 손에 넣는다.

제국주의 국가가 손에 넣는 초과이윤은 노동계급의 층위별 임금 가운데 주로 숙련 노동자의 임금 인상을 동반한다.

이와 같은 현상은 과거에도 볼 수 있었다. 엥겔스도 이 현상을 몇 번이고 확인했다. 그는 세계시장에서 영국의 독점적 지위와 그 결과로 나타난 영국 프롤레타리아의 보수주의를 지적했다.

부르주아 제국주의 국가라는 고용주들의 경제조직에 대한 프롤레타리아의 유대는, 식민지 침략에 대한 프롤레타리아의 이런 상대적 이익을 기초로 성장하고 강화된 것이다. 이런 정서는 사회주의 문헌에서 사회민주주의적 기회주의자들의 '국가적' 관점으로 나타났다. 모든 경우에 강조되는 이런 '국가적 지혜'는 혁명적 마르크스주의의 견해을 완전히 내다 버린 것이다.

마르크스와 엥겔스는 국가란 무력으로 피억압 계급을 억압하는 지배계급의 조직이라고 봤다. 그들은 미래 사회에는 어떤 계급도 존재하지 않으리라는 단순한 이유로 그곳에는 어떤 국가도 존재하지 않을 거라고 여겼다. 물론 그들은 프롤레타리아 독재의 과도기(이 시기에 프롤레타리아는 일시적 지배계급이다)에는 노동계급의 국가권력이라는 독특한 기구, 타도된 [자본가]계급을 억압하기 위한 기구가 필요하다고 강조했다(그리고 이것은 완전히 옳다). 그러나 그들은 부르주아 국가의 억압 기구에 대해서는 격렬한 증오를 보내며, 이런 관점에서 라살주의자* 같은 '국가주의자'를 신랄하게 비판했다. 이런 관점은 《공산당 선언》의 "프롤레타리아에게는 조국이 없다"는 유명한 명제로도 분명하게 표현돼 있다.

그러나 마르크스주의의 [속류] 사회주의 추종자들은 마르크스와 엥겔스의 [국가에 대한] 이런 혁명적 적대를 기록 보관소에 처넣어 버렸다. 그리고 그 자리에 등장한 것이 '진정한 애국주의'나 '진정한 국가주의' 이론인데, 이것은 부르주아지의 일반적 애

* 페르디난트 라살(1825~1864) 전독일노동자협회ADAV의 창시자였고, 국가를 통한 사회주의 도입을 주장해 마르크스와 엥겔스의 비판을 받았다.

국주의, 국가주의와 다를 게 없다. 이런 이데올로기는 국가자본주의 트러스트의 강대국 정책에 프롤레타리아가 참여한 유기적 결과다.

이번 세계대전이 발발했을 때, 부르주아 국가권력의 전차에 묶여 있던 선진 자본주의 국가의 노동계급이 부르주아 국가권력을 지지한 것은 놀라운 일이 아니다. 이 노동계급은 지금까지 그 발전 과정 전체를 통해 그렇게 행동하도록 준비돼 왔다. 금융자본의 국가 조직과 프롤레타리아의 유대가 그렇게 만든 것이다.

그러나 이 전쟁(프롤레타리아가 암묵적 동의를 보냈거나 충분히 저항하지 않았기 때문에 가능했던 이 전쟁)은 프롤레타리아에게 다음의 사실을 보여 줬다. 프롤레타리아가 제국주의 정책에서 얻는 이익은 전쟁이 그들에게 안겨 주는 고통에 비하면 없는거나 마찬가지다.

이렇게 제국주의의 위기와 함께 프롤레타리아 사회주의가 부활한다. 제국주의는 자신의 진정한 모습을 유럽 노동계급에게 드러냈다. 지금까지 제국주의의 야만적이고 파괴적이고 침략적인 정책은 거의 전적으로 식민지 민족을 향했다. 이제 제국주의는 사슬이 풀리고 피에 굶주린 절대적 힘이 갖는 무서운 충격으로 유럽의 노동자들을 덮치고 있다. 유럽 노동자들이 제국주의의 식민정책 덕분에 추가로 손에 넣는 몇 푼의 동전, 그것이

도살된 수백만의 노동자, 전쟁이 집어삼킨 수십억의 사람들, 노골적 군국주의의 엄청난 압력, 야만적인 생산력 파괴, 굶주림과 높은 물가에 비한다면 과연 얼마나 되겠는가?

전쟁은 노동자를 자신의 주인에게 옭아맸던 마지막 쇠사슬(제국주의 국가에 대한 노동자의 노예와도 같은 복종)을 끊어냈다. 프롤레타리아의 협소한 세계관(즉, 그들의 국민국가적 편협함, 그들의 애국주의)의 마지막 한계가 극복되려 한다. 프롤레타리아가 제국주의적 침략과 제국주의 국가와의 유대로부터 얻는 순간적 이익과 일시적 혜택은, 전체 노동계급의 영속적이고 일반적인 이익과 국제 프롤레타리아의 사회혁명 사상에 비해 중요하지 않게 됐다. 국제 프롤레타리아의 사회혁명은 무력으로 금융자본의 독재를 타파하고 금융자본의 국가기구를 파괴하고 새로운 권력, 부르주아지에 대항하는 노동자 권력을 수립한다. 그리고 세계경제의 모든 생산력 발전의 수갑이자 족쇄인 부르주아 국가의 경계를 방어하고 확대하는 사상을 대신해 국경의 폐지와 모든 민족을 사회주의적 공동체로 통합하는 구호가 등장한다. 이처럼 프롤레타리아는 길고도 고통스러운 모색 끝에 자신의 진정한 이익을 자각한다. 이 진정한 이익에 이끌려 프롤레타리아는 혁명을 통해 사회주의로 나아가는 것이다.

15장
결론

역사는 모순 속에서 운동한다. 역사적 존재의 골격과 사회의 경제구조 또한 모순 속에서 발전한다. 영원한 형태 변화, 이들 형태의 찰나의 존재, 끊임없이 새로운 것을 만들어 내는 살아 있는 힘. 이것은 현실에 내재하는 법칙이다. 마르크스가 물구나무선 헤겔의 변증법을 바로 세웠는데, 그 헤겔의 변증법도 다음과 같은 이유에서 가치가 있다. 그것은 생명의 변증법을 이해하고, 모든 존재는 그 속에 자신의 부정의 맹아를 내포한다는 사실 앞에 꺾이지 않고 현재를 대담하게 분석한다.

변증법은 그 신비로운 형태로 독일에서 유행했다. 왜냐하면 변증법이 현존하는 것을 찬미하는 것 같았기 때문이다. 그러나 변증법은 그 합리적인 형태에서는 부르주아지와 그 이론적 대변인들에게 분노와 공포를 줄 뿐이다. 왜냐하면 변증법은 현존하는 것을 긍정적으로 이해하면서도 동시에 그것의 부정, 즉 그것의 불가피한 파멸을 인정하기 때문이며, 또 변증법은 역사적으로 전개되는 모든 형태들을 유동상태·운동상태에 있다고 여김으로써 그것들의 일시적 측면을 동시에 파악하기 때문이며, 또한 변증법은 본질상 비판적·혁명적이어서 어떤 것에 의해서도 제약을 받지 않기 때문이다.

마르크스는 《자본론》 1권 서문에* 이렇게 썼다. 그로부터 오랜 세월이 지났다. 그리고 우리는 이미 새로운 미래가 역사의 문을 두드리는 소리를 분명하게 듣고 있다. 현대 사회는 생산력을 거대하게 발전시키고 언제나 새로운 영역을 정복하고 전례 없는 규모로 자연을 인간의 지배 아래 복종시켰지만, 자본주의의 사슬에 묶여 질식하기 시작했다. 자본주의의 본질 그 자체에 뿌리를 둔 이 모순들은 자본주의 발전 초기에는 기껏해야 맹아적 상태로 존재했지만 자본주의가 한 걸음 발전할 때마다 확대되고 첨예해졌다. 제국주의 시대에는 이 모순들이 거대한 규모로 성장했다. 현재의 발전된 생산력은 끊임없이 새로운 생산관계를 요구한다. 자본주의의 모순은 반드시 터져 나올 수밖에 없다.

---

* 독일어판 2판 후기의 오기다.

금융자본의 시대는 자본주의적 유기체 그 자체의 모든 부적응성의 요소를 가장 선명하게 부각했다. 자본주의와 자본주의를 이끄는 계급인 부르주아지가 진보적 세력으로 등장했던 과거의 시대에 자본주의는 그 자신을 전前자본주의적 관계의 지독한 후진성과 부적응성과 비교함으로써 자신의 내적 결함을 일부 은폐할 수 있었다. 강력한 기계로 무장한 대규모 생산은 빈약한 기술을 가진 수공업을 가차 없이 분쇄해 버렸다. 이 고통스러운 과정은 전前자본주의적 생산 형태의 붕괴를 뜻할 뿐이었다. 다른 한편 자본주의적 생산과정 속에 존재하는 바로 그 전前자본주의적 형태, 다양한 '제3자'의 존재 덕분에 자본주의는 그 힘을 '평화적'으로 확장할 수 있었다. 그래서 자본주의적 구조가 경제 발전을 제한한다는 사실이 겉으로 드러나지 않았다. 이런 이유로, 자본주의의 '법칙'을 형성하는 가장 일반적인 내재적 모순은 경제 발전의 다음과 같은 단계에서 비로소 모습을 드러낸다. 즉, 자본주의가 더는 어린아이가 아닌 단계, 사회적·경제적 생활의 주된 형태가 됐을 뿐 아니라 모든 경제적 관계의 일반적 형태로 전화한 단계, 한마디로 자본주의가 세계 자본주의가 된 단계에서 그 모순을 드러내게 된다. 지금에야 비로소 자본주의의 내적 모순은 극적으로 자신을 드러내고 있다. 치명적 고통 속에서 피 흘리는 현대 자본주의 세계의 열병과도 같은 경련은 자본주의 체제의 모순의 표현이며, 자본주의는 결국 이 모순을 폭발시킬 것이다.

자본주의는 자신의 고유한 무질서를 국가 조직의 쇠사슬에 붙들어 매서 극복하려 했다. 그러나 자본주의는 국가 내부에서 벌어지는 경쟁을 제거함으로써 온갖 악을 세계적 난투 속에 풀어놓았다.

자본주의는 식민정책이라는 안전판을 열어 증기압력을 낮추고, 이를 통해 노동계급을 길들여 사회적 대립을 가라앉히려 했다. 한때는 그 목적을 달성했다. 그러나 이때조차 자본주의는 자신의 증기관 전체를 날려 버릴 폭발을 준비하고 있었을 뿐이다.

자본주의는 제국주의적 침략을 통해 생산력 발전을 자본주의적 착취의 국민국가적 틀에 적응시키려 했다. 그러나 자본주의는 자신의 방법으로는 이 문제를 해결할 수 없음이 드러났다.

자본주의는 군국주의의 힘을 극도로 발전시켰다. 자본주의는 무장한 수백만의 사람들을 역사의 각축장으로 불러들였다. 그러나 그 무기는 이제 자본주의 자신을 겨냥하고 있다. 처음에는 얌전하고 온순했던 대중이 정치에 눈을 뜨며 점점 자신들의 목소리를 높이고 있다. 그들은 강요당한 전투에서 단련되고 모든 순간 죽음을 들여다보는 것에 익숙해진 뒤에, 대담하게도 제국주의 전쟁의 전선을 깨고 제국주의 전쟁을 부르주아지에 대항하는 내전으로 전화시키려 하고 있다. 따라서 자본주의는 생산의 집적을 전례 없이 증대시키고 집중화된 생산 조직을 만들어 냄과 동시에 자신의 무덤을 파는 거대한 계급을 만들어 낸 것이다. 거대한 계급 충돌 속에서 금융자본의 독재를 대신해 혁명적 프롤레타리아의 독재가 등장한다. "자본주의적 소유의 조종弔鐘이 울린다. 수탈자가 수탈당한다."

후주

레닌의 서문

1 *Neue Zeit*, April 30, 1915, p 144.

1장 세계경제에 대한 정의

1 K Marx, *Capital*, vol 1(English translation by Eden and Cedar Paul, London, 1930), p 371[국역: 《자본론》 1권(상), 비봉, 2015, 478쪽에서 인용. 《자본론》 국역본에서 인용할 때는 꼭 필요한 경우가 아니면 번역을 수정하지 않았다]. 우리는 앞으로 어떤 생산물을 생산하는 모든 나라가 아니라 생산물을 수출하는 나라만을 사례로 들 것이다.

2 E Friedrich, *Geographie des Welthandels und Weltverkehrs*, Jena, 1911, p 7.

3 K Marx, *Capital*, vol 1, 앞의 책, pp 371~372[국역: 《자본론》 1권(상), 비봉, 2015, 479쪽에서 인용].

4 "만약 우리가 노동 그 자체만을 염두에 둔다면, 농업·공업 등과 같은 주요

부문들로 생산이 분할하는 것을 일반적 분업, 그리고 이들 생산 부문이 종이나 아종으로 분할하는 것을 특수한 분업, 그리고 한 작업장 안의 분업을 개별적 분업이라고 부를 수 있을 것이다." K Marx, 같은 책, p 370[국역: 《자본론》 1권(상), 비봉, 2015, 477~478쪽]에서 인용.

5 E Friedrich, 앞의 책.

6 K Marx, *Capital*, vol 1, 앞의 책, p 46[국역: 《자본론》 1권(상), 비봉, 2015, 94쪽에서 인용].

7 B Harms, "Versuch der Begründung einer Weltwirtschaftslehre", *Volkswirtschaft und Weltwirtschaft*, Jena, 1912, p 176.

8 H Sieveking, *Auswärtige Handelspolitik*, Leipzig, 1910, p 127.

9 K Ballod, *Grundriss der Statistik*, Berlin, 1913, p 118 이하.

10 J Conrad, "Getreidenpreise" in *Handwörterbuch der Staatswissen-schaften*, Jena, 1909, p 806.

11 물론, 전자의 경우[상이한 사용가치의 교환]에도 생산비의 차이는 중요하다. 그러나 이 경우, 그 차이는 서로 다른 종류의 생산물을 생산한다는 사실을 표현하는 것이다. 후자의 경우는 이런 사실을 표현하지 않는다.

12 Julius Wolf, *Das internationale Zahlungswesen*, Leipzig, 1913, p 62(In *Veröffentlichungen des Mitteleuropäischen Wirtschaftsvereins in Deutschland*, Heft 14).

13 Weill, *Die Solidarität der Geldmärkte*. "Eine Studie über die Verschiedenheit der gleichzeitigen Diskontsätz verschiedener Länder", Frankfurt a. M. 1903, p 115.

14 K Marx, *Capital*, vol 1, 앞의 책, p 44[국역: 《자본론》 1권(상), 비봉, 2015, 92쪽에서 인용]. 강조는 부하린.

15 Paul Stähler, *Der Giroverkehr, seine Entwicklung und international Ausgestaltung*, Leipzig, 1909, p 127.

16 이 말은 세계경제라는 용어에 대해 널리 알려진 잘못된 이해를 겨냥하고 있다. 예컨대, 칼버는 '세계시장 경제'(Weltmarktwirtschaft)라는 용어를 주장한다. 하름스에 따르면 '세계경제'라는 용어가 현대에 적용되는 것은 국제조약뿐이라고 한다. 코바치(Kobatsch, *La politique économique internationale*, Paris, 1913 참조)에 따르면, 세계경제는 세계국가를 반드시 전제한다. 여하튼, 세계경제 개념이 전제하는 것은 경제적 관계의 범위에 따른 분류이지 생산양식의 차이에 따른 분류가 아니다. 그러므로 마르크스주의자들이 자본주의 경제 이후의 사회주의 경제만을 생각해 세계경제를 간과한다는 비난(하름스가 이렇게 비난한다)은 완전히 당치도 않다. 하름스는 전혀 다른 관점에서 생겨나는 분류를 여기서 단순히 혼동하고 있는 것이다.

2장 세계경제의 성장

1 "(매뉴팩처 시대를 탄생시킨 일반적 조건의 일부를 형성하는) 세계시장의 확대와 식민제도는 사회 안 분업의 발전에 크게 기여한다." K Marx, *Capital*, vol 1, 앞의 책, p 373[국역: 《자본론》 1권(상), 비봉, 2015, 481쪽에서 인용]. 이는 현대에도 꼭 들어맞는다.

2 Konrad Matschoss, *Grundriss der technisch-geschichtlichen Entwickelung* (in *Die Technick im XX Jahrhundert*, herausgegeben von A Miethe), Band 1, Braunschweig, 1911.

3 Mulhall, *The Dictionary of Statistics*, p 439; A D Webb, *New Dictionary of Statistics*, p 450.

4 A D Webb, 앞의 책, p 450; *Statistisches Jahrbuch für das Deutsche Reich*.

5 A D Webb, 앞의 책, p 449.

6 같은 책, p 450.

7 마르크스는 이 법칙을 처음으로 명확히 밝혀냈고 이윤율 저하 경향의 원인을 연구하는 과정에서 이 법칙의 발현을 훌륭하게 분석했다(*Capital*, vol 3, part

1). 현대 부르주아 정치경제학은, 마르크스의 모든 이론을 '사상누각'으로 보는 뵘바베르크를 통해 마르크스 이론의 몇몇 부분을 열심히 표절하고는 그 '출처'에 대해서는 입을 꽉 다문다. 예컨대, 뵘바베르크의 '우회생산' 이론은 자본의 유기적 구성의 고도화에 대한 마르크스의 법칙을 조야하게 정식화한 것에 불과하다.

8 *Vestnik Finansov*, no 6, 1915. 금은 유통수단의 구실을 한다. 표에서 볼 수 있듯이, 신용의 거대한 구실과 유통수단 일반의 절약에도 불구하고 금 생산은 현저히 증가하고 있다.

9 F von Juraschek, "Bergbaustatistik" in *Handwörterbuch der Staatswissen-schaften*.

10 F von Juraschek, 앞의 글. 마지막 해는 *Statische Jahrbücher* 등에 따라 계산했다.

11 F von Juraschek, "Eisen und Eisenindustrie" in *Statistische Jahrbücher*.

12 *Statesman's Yearbook*, 1915; Juraschek, 앞의 글; A D Webb, 앞의 책.

13 *Statistische Jahrbücher des Deutschen Reiches*, 1913. 아시아·아프리카·호주의 통계가 1910년 기준이기 때문에 이 통계는 실제 생산보다 적다.

14 밀은 E Friedrich, 앞의 책과 *Vestnik Finansov*, no 15에서 인용.

15 면화는 *Vestnik Finansov*, nos 19 and 39, 1915.

16 A D Webb, 앞의 책; *Statesman's Yearbook*, 1915.

17 E Friedrich, 앞의 책.

18 같은 책.

19 Wiedenfeld, "Eisenbahnstatistik" in *Handwörterbuch der Staatswissen-schaften*.

20 *Statistische Jahrbuch für das Deutsche Reich*, 1913

21 G Lecarpentier, *Commerce maritime et marine marchande*, Paris, 1910, p 53.

22 *Statesman's Yearbook*, 1915.

23 B Harms, 앞의 책, p 126.

24 K Marx, *Capital*, vol 2(translated by Ernest Untermann, Chicago, 1907, p 169[국역: 《자본론》 2권, 비봉, 2015, 178쪽에서 인용].

25 *Statistische Jahrbuch für das Deutsche Reich*, 1913, p 39; *Statesman's Yearbook*

26 같은 책.

27 B Harms, 앞의 책, p 212.

28 W Sombart, *Die deutsche Volkswirtschaft im XIX Jahrhundert*, Berlin, 1913, p 427.

29 좀바르트가 전쟁 중에 열광적 제국주의자로 변모한 것은 결코 보기 드문 현상이 아니다. 세계경제와 관련한 경제 문제를 다룰 때 두 경향을 볼 수 있다. 하나는 낙관적인 것이며, 다른 하나는 제국주의 국가의 세력 신장을 위한 내적 힘의 강화를 요구한다. 이 때문에 후자는 국내시장에 큰 관심을 기울인다. 하인리히 푸도어 박사의 "Weltwirtschaft und Inlandproduktion" in *Zeitschrift für die gesamte Staatswissenschaft*, herausgegeben von K Bücher, 71 Jahrgang, 1915, 1 Heft)을 보라. "요약하자면, 우리의 생산, 우리의 산업이 점점 더 거대한 시장을 장악하고 해외 경쟁에서 승리하는 한, 해외무역도 응당 [독일 경제와 함께] 성장할 것이다. 그러나 그 토대를 이루는 것은 마땅히 국내 생산이어야 한다." (pp 147~148.)

30 B Harms, 앞의 책, p 202, footnote; S Schilder, *Entwicklungstendenzen der Weltwirtschaft*, Berlin 1912-1915도 참조.

31 *Statistisches Jahrbuch für das Deutsche Reich*, 1913.

32 D Lewin, *Der Arbeitslohn und die soziale Entwicklung*, Berlin, 1913, p 141; U Philippow, *Emigration*, p 13. 1914년 수치는 *American Yearbook*, 1914, p 385에서 인용했다.

33 D Lewin, 앞의 책, p 141.

34 이런 종류의 기업에 대해서는 R Liefmann, *Beteiligungsund Finanzierungs-gesellschaften*, Jena, Gustav Fischer, 1913을 보라.

35 *Economiste Franfais*, 1902, 2, p 449(Sartorius에서 재인용).

36 B Harms, 앞의 책, p 235; Isayev, *World Economy* pp 82~83.

37 Sartorius von Waltershausen, *Das volkswirtschaft liche System der Kapitalanlage im Ausland*, Berlin, 1907, p 56.

38 Sartorius von Waltershausen, 앞의 책; *Vestnik Finansov*, 1915, no 4.

39 B Harms, 앞의 책, p 228~229.

40 같은 책, p 242; S Schilder, *Entwicklungstendenzen der Weltwirtschaft*, p 365 이하.

41 M Bogolepov, "The American Market" in *Vestnik Finansov*, 1915, no 39.

42 R Liefmann, *Beteiligungs- und Finanzierungsgesellschaften*, pp 47~48. 주의할 것은, 어떤 조건에서는 '통제'나 기업합병이 50퍼센트보다 적은 주식으로도 가능할 수 있다는 것이다.

43 R Liefmann, 앞의 책, p 49.

44 Sartorius von Waltershausen, 앞의 책, p 174.

45 R Liefman, 앞의 책, pp 99~104. 물론, 융자가 동일 기업의 지사로 한정될 필요는 없다. 예컨대, 크놉 기업은 ('솔로비예프 기업'과 '크라프트 형제 기업'과 함께) 1912년에 '카스피해 매뉴팩처'에 융자했다. 이 기업은 다게스탄주에서 모스크바 기업가인 레셰트니코프와 시베리아 은행가인 페트로코키노 그리고 파리·네덜란드은행이 함께 설립한 것이며, 이미 청산된 기업의 자산을 손에 넣은 것이었다(*Birzhevye Vyedemosti*, 15 April 1915).

46 *La Vie Internationale*, Vol 5, 1914, p 449(Published by the *Office Centrale des Associations Internationales*, Brussels).

47 J Riesser, *Die deutschen Grossbankea und ihre Konzentration im Zusammenhang mit der Entwickelung der Gesamtwirtschajt in*

Deutschland, 4th edn, 1912, p 354.

48 J Riesser, 앞의 책, p 371 이하. "Die gemeinsamen Tochtergesellschaften der deutschen Kreditbanken zur Pflege überseeischer und ausländischer Geschäftsbeziehungen" 항목을 보라.

49 같은 글, pp 374~375. 그러나 여기서도 강조해 둘 것은, 독일 은행들의 급속한 발전이다. 1890년대 말에는 은행이 4개밖에 없었지만, 1903년에는 6개 은행에 32개 지점, 1906년에는 13개 은행에 70개 지점이 있었다.

3장 세계경제의 조직 형태

1 부르주아 저술가들도 이 점을 이해하기 시작했다. 골드시테인도 다음과 같이 말한다. "카르텔이나 트러스트가 공황을 제거할 수 없다는 것은 다음과 같은 사실로 분명히 알 수 있다. 즉, 계열사와 공동으로 미국 철강 생산의 거의 90퍼센트를 장악하고 있는 철강 트러스트는 1908년 1사분기가 끝날 무렵 공장 생산 능력의 겨우 절반밖에 가동하지 못했다 등등." (I M Goldstein, *Syndicates, Trusts, and Modern Economic Policies*, 2nd edn, Moscow, 1912, p 5, footnote). 또한 Tugan Baranovsky, *Industrial Crises*를 보라.

2 국제 카르텔 목록은 앞서 인용한 하름스의 저서에서 가져왔다(p 254 이하). 우리가 아는 한 이 문제를 다룬 러시아 문헌이 없기 때문에 국제적 트러스트와 은행신디케이트의 목록과 함께 여기에 목록을 적었다.

3 R Liefmann, 앞의 책, p 249 이하.

4 같은 책, p 275.

5 Kobatsch, 앞의 책; R Liefmann, 앞의 책; B Hanns, 앞의 책.

6 R Liefmann, 앞의 책, p 174.

7 같은 책, pp 456~486.

8 같은 책, pp 497~498.

9 Zagorsky, *Syndicates and Trusts*, p 230. 사적 국제협정만을 사례로 들었다.

독자들은 국가 차원의 대형 협정들(예컨대, 국제우편동맹, 철도협정 등)에 대해서는 익히 알 것이다.

10 자르토리우스 폰 발터스하우젠은 국제적 조직의 역할을 대단히 낮게 평가하고 있다. 그의 책 *Das volkswirtschaft liche System der Kapitalanlage im Ausland*(Berlin, 1907) p 190을 보라. "생산을 통합적으로 관리하는 국제적 기업이 만들어지거나 존재하는 일은 일어나지 않을 것 같다. 그러나 커다란 국민적 신디케이트 사이에 시장의 경계를 둘러싼 협정이 성립할 것이라는 점은 충분히 기대할 수 있다." 이와 정반대 견해를 보이는 것이 하름스다.

1 Erwin Szabo, "Krieg und Wirtschaftsverfassung" in *Archiv für Sozialwissenschaft und Sozialpolitik*, 39 Band, 3 Heft, pp 647~648.

2 현대 부르주아지 이데올로그들이 이 같은 '황금 인터내셔널'을 (물론, '상층'과 '하층'의 대립을 다루지 않는 한에서지만) 어떻게 보는지는, 예컨대 자르토리우스의 다음과 같은 주장이 잘 보여 준다. "'황금 인터내셔널'은, 조국이 있는 사람들과 이 조국 안에서 자신의 존재가 유지한다고 믿는 사람들에게는 결단코 이상이 될 수 없다."(앞의 책, p 14.) 이것은 자본주의적 이해관계의 국제화 과정이 상대적으로 취약함을 보여 준다.

4장 '국민경제'의 내부 구조와 관세정책

1 여기서 이런 형태들의 차이를 자세히 다룰 수는 없다. 우리 연구의 목적에 비춰 보면 다음을 지적하는 것으로 충분할 것이다. 카르텔과 트러스트 사이에 원칙적 차이는 없으며 트러스트는 [카르텔에 비해] 동일한 현상이 더욱 집중된 형태다. '독재적' 트러스트와 '민주주의적' 신디케이트(또는 카르텔) 사이를 원칙적으로 구별하려는 순전히 형식적인 여러 시도(예컨대, Eduard Heilmann, "Ueber Individualismus and Solidarismus in der kapitalistischen Konzentration" in E Jaffé's *Archiv*, Band 39, Heft 3)는, 사회경제 안에서 이 구성물들의 구실로부터 생겨나는 문제의 본질을 전혀

다루지 않는다. 그러나 이로부터 이 구성물들 사이에 아무런 차이가 없다고 결론 내릴 수는 없으며, 어떤 의미에서는 이런 구별을 해야 한다. 그럼에도 어떤 경우든 '민주주의적' 원칙과 '독재적' 원칙의 대립에 따른 구별로는 아무것도 알 수 없다(힐퍼딩의 《금융자본》에 있는 해당 장을 보라). 간단히 말하면, 이 차이는 다음과 같다. 즉, "트러스트화와는 반대로 … 카르텔화는 결코 카르텔에 가입한 개별 기업들 사이의 갈등이 사라지는 것을 뜻하지 않는다."(R Hilferding, "Organisationsmacht und Staatsgewalt", *Neue Zeit*, 32 Jahrgang, Band 2, p 140 이하.)

2 V Nazarevsky, *Outline of the History and Theory of Capitalist Collective Economy, Syndicates, Trusts, and Combined Enterprises*, vol 1, Part 1, *Outline of the History of Combinations in American Industry*, Moscow, 1912, pp 318~319.

3 같은 책. 또한 George Renard and A A Dulac, *L'ivolution industrielle el agricole deptds cent cinquante ans*, Paris, 1912, p 204를 보라.

4 L Goldstein, *Syndicates, Trusts, and Modern Economic Policy*, Moscow, 1912, p 51.

5 Eugen von Phillipovich, "Monopole und Monopolpolitik" in C Grünberg's *Archiv für die Geschichte des Sozialismus und der Arbeiterbewegung*, Band 6(1915), Heft I, p 158.

6 R Liefmann, *Kartelle und Trusts*, Stuttgart, 1910.

7 S Tschierschky, *Kartell und Trust*, Leipzig, Göschen, 1911, p 52.

8 A Raffalovich, "Les syndicats et les cartels en allemagne en 1910" in *Revue internationale de commerce, de I'industrie et de la banque*, 30 July 1911.

9 Martin Saint Léon, *Cartels et Trusts*, 3rd edn, Paris, 1909, p 56.

10 같은 책, p 89 이하.

11 G Lecarpentier, *Commerce maritime et marine marchande*, Paris, 1910,

p 165.

12 Hermann Levy, *Monopoly and Competition*, London, 1911, pp 222~267.

13 수치는 다음에서 가져왔다. L Kafenhaus, *Syndicates in the Russian Iron Industry*; Goldstein, 앞의 책; Zagorsky, 앞의 책.

14 L Goldstein, 앞의 책, p 5.

15 V Nazarevsky, 앞의 책, p 354 이하.

16 R Hilferding, *Das Finanzkapital*, Vienna, 1910, p 283[국역: 《금융자본론》, 비르투, 2011].

17 W Sombart, *Die Deutsche Volkswirtschaft in XIX. Jakrhundert*, Berlin, 1913, chapter 10을 보라. 최근 신문 기사(*the Vorwärts*, Berlin)에 따르면 디스콘토게젤샤프트가 샤프하우젠셔방크페어아인을 흡수했다.

18 J Riesser, *Die Deutschen Grossbanken*, Appendix 8, p 745.

19 V Nazarevsky, 앞의 책, p 362.

20 Parvus, *Der Stoat, die Industrie und der Sozialismus*, p 77(파르부스가 전향하기 전에 썼다). J Riesser, 앞의 책, Beilage 4, p 651 이하.

21 J Riesser, 앞의 책, p 501.

22 V Nazarevsky, 앞의 책, p 349 이하.

23 K T Eheberg, *Fmanzwissensehaft*, 1922, p 99[부하린은 러시아어판에서 인용].

24 *Kotnmunales Jahrbuch* for 1913-14, published by Lindemann, Schwander and Südekum, p 566 이하를 보라.

25 Willy Baumgart, *Vnsere Reichbank. Ihre Geschichte und ihre Verfassung*, Berlin, 1915를 보라. 국가의 산업 조직자로서의 구실은 전쟁 중에 더할 나위 없이 커졌다. 뒤에 국민경제와 세계경제의 미래를 다룰 때 이를 논의할 것이다.

26 Friedrich List, *Gesammelte Schriften*, herausgegben von Ludwig

Häuser, *Das nationale System der politischen Oekonomie*, Stuttgart and Tübingen, 1851, pp 302~303.

27 K Marx, *Capital*, vol 3(Untermann's translation, Chicago, 1909), p 142, note 16[국역: 《자본론》 3권(상), 비봉, 2015, 147쪽에서 인용]. 이 모든 것이 위에서 설명한 현상을 이해하지 못하는 요제프 그룬첼에게는 별 도움이 되지 않는다. Josef Gruntzel, *Handelspolitik*, Part 4, *Grundriss der Wirtschaftspolitik*, p 76를 보라. 그러나 육성관세와 카르텔 관세의 차이는 브렌타노부터 힐퍼딩에 이르는 경제학 문헌에서 보편적으로 다뤄지고 있음을 지적하는 것이 공평할 것이다. 예컨대, Josef Hellauer, *System der Welthandelslehre*, Vol 1, 1910, p 37와 S Tschierschky, 앞의 책, p 86을 보라.

28 우리가 다양한 나라들의 정책에 대해 말할 때, 이것이 **정부** 정책과 그 정부가 기반하는 일정한 **사회 세력**의 정책을 의미한다는 점을 잊지 말아야 한다. 이 점을 다시 지적하는 것이 안타깝지만, '과학적으로는 절대 파악할 수 없는 국민국가적 관점'이 예컨대 플레하노프와 그 일당들 같은 사람들의 관점이기 때문이다.

29 Isayev, *World Economy*, pp 115~116. 특히 흥미로운 것은 이사예프의 '설명'이다. 그는 1862~1864년의 관세 인상을 설명하면서 그 이유를 "미국의 재정을 운용하는 사람들의 보호주의적 경향"에서 찾는다. 문자 그대로 그렇게 썼다(pp 114~115). 또한 J Gruntzel, 앞의 책을 보라.

30 W J Ashley, "La conférence impériale britannique de 1907" in *Revue economigue internationale*, 1907, Vol 4, p 477.

31 K T Eheberg, 앞의 책 러시아어판의 쿠르친스키의 부록(p 411)을 보라. 1904년 독일 제품에 대한 관세율 인상을 두고 쿠르친스키조차 "러시아의 국민경제에는 거의 이득이 없다"고 말하고 있다(p 412). 따라서 그는 '경제'와 '경제 행위자'를 혼동하지 않는다. 이것은 "나이 들어 연구를 다시 시작하는" 사람들에 대한 충고다.

32 우리가 '국민'자본이나 '국민'경제 등을 언급할 때는 단어의 본래 의미에서의

국민적 요소가 아닌 경제생활의 영토적 국가 개념을 의미한다.

5장 세계 판매 시장과 판매 조건의 변화

1 K Marx, *Capital*, vol 3, 앞의 책, pp 286~287[국역: 《자본론》 3권(상), 비봉, 2015, 305~306쪽에서 인용].

2 같은 책, p 389[국역: 《자본론》 3권(상), 비봉, 2015, 416~417쪽에서 인용].

3 같은 책, p 279[국역: 《자본론》 3권(상), 비봉, 2015, 296~297쪽에서 인용].

4 S Schilder, 앞의 책, p 147 이하.

5 Paul Gaffarel, *L'histoire de I'expansion coloniale de la France deputs 1870 jusqu'en 1915*의 머리말.

6 B von König, "Le développement commercial, économique et financier des colonies allemandes" in *Revue economique Internationale*, 1907, Vol 4, p 130.

7 M N Pokrovsky, "Russia's Foreign Policy at the End of the Nineteenth Century" in his *History of Russia in the Nineteenth Century*.

8 이 표는 V 일리치 동지[V I 레닌]가 작성한 것으로, 그의 최근 저작 가운데 하나[《제국주의, 자본주의의 최신 단계》, 부하린의 이 책보다 나중에 쓰였지만 먼저 출판됐다]에서 인용했다.

9 그러므로 1871년 이래 벌어진 모든 국제적 분쟁은 식민정책에서 비롯한 것이다. Joaquin Fernández Prida, *Historia de los conflictos internationales del siglo XIX*, Barcelona, 1901, p 118을 보라. 이런 팽창 정책이 먼저 [아직 점령되지 않은] 자유로운 영토를 대상으로 삼는 이유는 단지 부르주아지가 저항이 가장 약한 곳부터 공략하기 때문이다.

6장 세계 원료 시장과 원료 구입 조건의 변화

1 여기서 이 식민정책이 사용한 악명 높은 착취 방식에 대해서는 다루지 않겠다. 다만, 이 착취 방식이 단순히 '과거의 일'이 아니라 지금도 뚜렷하게 존재한다는 것을 상기시키고 싶다.

2 물가 급등으로 표현된 공업과 농업의 관계에 대해서는 소책자이지만 훌륭한 저작인 오토 바우어의 *Die Teuerung*을 보라.

3 Ministry of Commerce and Industry, *List of Prices in Principal Russian and Foreign Market for 1913*, Petrograd, 1914.

4 K Marx, *Capital*, Vol 3, 앞의 책, pp 878~879[국역: 《자본론》 3권(하), 비봉, 2015, 960~961쪽에서 인용].

5 같은 책, pp 884~885[국역: 《자본론》 3권(하), 비봉, 2015, 966~967쪽에서 인용].

6 *Die Neue Rundschau*, August, 1915에 실린 전쟁의 원인에 대한 오펜하이머의 글(F Oppenheimer, "Die Wurzel des Krieges")을 보라. 사회적 발전 과정에 대한 오펜하이머의 일반적 견해와 그의 '적극적 문제 해결'(우리 생각에 이것은 헨리 조지와 부르주아 '토지개혁론자들'의 사상을 뛰어넘지 못했다)에 대해서는 그의 '비판적' 저작인 *Die Soziale Frage und der Sozialismus*, Jena, 1912에 정리돼 있다. 덧붙이자면, 이 부르주아 경제학자의 영향을 많이 받은 사람이 다름 아닌 P 마슬로프다.

7 판매자 일반은 물론이고, '생산자'도 구체적으로는 한 가지 상품만을 생산하지 않는다. 예컨대, 백화점을 보라. 그렇다고 전문화의 중요성을 부정하려는 것은 아니다. 그저 구매자의 '오명'을 벗겨 주고 싶을 뿐이다.

7장 자본의 국제적 운동과 국제 관계의 경제적 형태 변화

1 K Marx, *Capital*, Vol 3, 앞의 책, p 295[국역: 《자본론》 3권(상), 비봉, 2015, 314쪽에서 인용].

2 같은 책, p 300[국역: 《자본론》 3권(상), 비봉, 2015, 319~320쪽에서 인용].

3 S von Waltershausen, 앞의 책, p 179.

4 같은 책, p 180.

5 M P Pavlovich, *The Great Railway and Maritime Lines of the Future*, St Petersburg, 1913, p 143.

6 S Schilder, 앞의 책, p 343 이하.

7 같은 책, p 353.

8 파블로비치는 은행이 철도 건설 영역에서 어떤 정책을 취하는지 많은 사례를 들고 있다. 실제로 철도 건설 과정에서 나라 전체가 자본주의적 '국민' 상어들에게 먹이로 내던져지고 있다.

9 익명의 재외 독일인이 쓴 흥미로운 책 "Deutsche Kolonialreform", part 2, *Staatsstreich oder Reformen*, Zurich, 1905, p 1318을 보라.

10 H N Brailsford, *The War of Steel and Gold*, 1914.

11 S von Waltershausen, 앞의 책, pp 190~191.

12 "《쿼털리 리뷰어》에 따르면, 자본은 소란과 분쟁을 피하는 겁쟁이다. 이것은 옳지만 결코 완전히 옳지는 않다. 자연이 진공을 싫어하듯이, 자본은 이윤이 없거나 이윤이 매우 적은 것을 싫어한다. 상당한 이윤만 있다면 자본은 과감해진다. 10퍼센트의 이윤이 보장되면 자본은 장소를 가리지 않고 투자한다. 20퍼센트라면 자본은 활기를 띠며, 50퍼센트라면 대담무쌍해지고, 100퍼센트라면 인간의 법을 모두 유린할 준비가 돼 있으며, 300퍼센트라면 단두대의 위험을 무릅쓰고라도 범하지 않을 범죄가 없다." P J 더닝의 이 문구는 K Marx, *Capital*, Vol 1, 앞의 책, p 843의 각주에 인용됐다[국역: 《자본론》 1권(하), 비봉, 2015, 1042쪽 각주에서 인용].

13 Dubief, "Le chemin de fer de Bagdad" in *Revue economique Internationale*, 1912, Vol 2, p 7 이하.

14 *Deutsche Kolonialreform*, pp 1396~1397. 이 책이 1905년에 쓰였다는 사실을 기억해야 한다. 그 뒤로 세력 관계와 세계 지도는 크게 변했다.

8장 세계경제와 '국민'국가

1 K Marx, *Capital*, Vol 3, 앞의 책, pp 300~301[국역: 《자본론》 3권(상), 비봉, 2015, 319~320쪽에서 인용]. 따라서 상품 수출을 경정하는 요소들(판매, 원료, 노동력 등)이 자본수출도 결정할 수 있다. 이에 대해서는 Hermann Schumacher, *Weltwirtschaftliche Studien*(1911)에 실린 논문 "Die Wanderungen der Großindustrie in den Vereinigten Staaten" 가운데 특히 pp 406~407을 보라.

2 Otto Bauer, *Die Nationalitätenfrage und die Sozialdemokratie*, Vienna, 1907, p 464.

3 Rudolf Hilferding, 앞의 책, p 412.

4 Achille Loria, "Les deux notions de l'imperialisme" in *Revue économique internationale*, 1907, Vol 3, p 459 이하.

5 R Hilferding, 앞의 책, pp 428~429.

6 익명의 재외 독일인이 쓴 "Die deutxhe Finam-Reform der Zukunft", part 3, *Staatsstreich Oder Reformen*, Zurich, 1907, p 203.

9장 역사적 범주로서의 제국주의

1 우리는 주로 금융자본의 정책으로서 제국주의를 언급하고 있다. 그러나 제국주의를 이데올로기로 언급할 수도 있다. 마찬가지로 자유주의는 한편으로는 산업자본의 정책이지만(자유무역 등), 동시에 이데올로기 전체를 나타내기도 한다('개인의 자유' 등).

2 카우츠키의 '인종 이론' 조롱은 훌륭하다. 전쟁 중에 출판된 그의 *Rasse und Judentum*를 보라[이 책의 영어판은 1926년에 *Are the Jews a Race?* (1926)란 제목으로 출판됐다].

3 전시의 '과학적' 문헌은 가장 단순한 진리와도 완전히 어긋나는 기괴한 사례들을 잔뜩 제공하고 있다. 적국 '인종'의 문화적 파산과 선천적 미천함을

'증명'하려고 모든 방법을 동원한다('열등국민'론). 프랑스의 한 잡지가 발표한 '연구'는 독일인의 소변이 연합국, 특히 프랑스인의 소변보다 약 3분의 1 더 많은 독소를 포함하고 있다는 점을 독자들에게 매우 진지하게 증명했다!

4 F Neumann, *Mitteleuropa*을 보라.

5 전쟁은 다른 수단을 통한 정치의 연속이라는 클라우제비츠의 문장은 잘 알려져 있다. 그러나 정치 그 자체가 특정한 생산양식을 확대하는 적극적 '연속'이다.

6 흥미롭게도, 러시아 역사가 R 비페르 같은 학자조차 여러 사건을 과도하게 '현대화'하기를 선호하며, 그 과정에서 모든 역사적 특징이 사라지는 것을 아무렇지도 않게 생각한다. 더욱이 그는 최근 그 자신이 못 말리는 배외주의적 중상가임을 드러내고는 시민 랴부신스키[러시아의 유명한 기업가]의 품으로 숨어들려고 한다.

7 마르크스 경제학의 방법론에 대해서는, 마르크스가 자신의 *Einleitung zu einer Kritik der politischen Öekonomie*[국역: "정치경제학 비판 서설", 《정치경제학 비판을 위하여》, 중원문화, 2017]에서 훌륭하게 설명했다. 이 서설은 *Zur Kritik der politischen Ökonomie*, Stuttgart, 1897[국역: 《정치경제학 비판을 위하여》] 최신판 부록으로 카우츠키가 출판한 것이다.

10장 세계적 규모로 벌어지는 자본의 집적·집중 과정의 재생산

1 K Marx, *Capital*, Vol 1, 앞의 책, pp 690~691[국역: 《자본론》 1권(하), 비봉, 2015, 852~854쪽에서 인용].

11장 경쟁적 투쟁의 수단과 국가권력

1 Fritz Kestner, *Der Organisationszwang. Eine Untersuchung über die Kämpfe zwischen den Kartellen und Aussenseitern*, Berlin, 1912. 케스트너에 대해서는 힐퍼딩의 "Organisationsmacht und Staatsgewalt",

Neue Zeit, 32, 2를 보라.

2 Lafargue, *Die amerikanischen Trusts*, Nazarevsky의 *Outline of the History and Theory of Capitalist Collective Economy, Syndicates, Trusts, and Combined Enterprises*, Moscow, 1912; Gustavua Myers, *History of the Great American Fortunes*, Chicago, 1909를 보라. 뉴욕주 의회 보험위원회의 1906년 보고서는 다음과 같이 적고 있다. "보험 대기업이 뉴욕주 등의 입법을 [자신들에게] 종속시키려고 한 것은 분명하다. … 이 기업들은 이 나라를 자신들끼리 분할했다. … 그것은 더 큰 곤경에서 탈출하기 위해서였다. 이렇게 함으로써 각 기업은 자신의 구역에서만 보험 가입을 모집했다." 마이어스는 다음과 같이 덧붙였다. "대단하다! 산업과 마찬가지로 뇌물도 하나의 제도로 격상돼 현대화하고 있다!" 이 보고서는 다음과 같은 수치를 들고 있다. 1904년 '뮤추얼 생명보험사'는 3억 6425만 4000달러를 뇌물 비용으로 썼으며, '에퀴터블 생명보험사'는 1억 7269만 8000달러를, '뉴욕 생명보험사'는 2억 401만 9000달러를 사용했다(vol 3, p 270).

3 Isayev, 앞의 책, pp 261~262.

4 O Schwarz, "Finanzen der Gegenwart", *Handwörterbuch der Staatswissenschaft*. 여기서 주의할 것이 있다. 이 표가 보여 주는 독일과 오스트리아의 수치는 잘못 됐다. 왜냐하면 이 수치에는 임시 지출이나 일회성 지출이 포함되지 않았기 때문이다. 미국의 경우 각 주의 '민간 지출'이 포함되지 않아 증가치(33.5퍼센트에서 56.9퍼센트로 증가)는 실제보다 높다.

5 *The Statesman's Yearbook*(1915)에서 인용.

6 예컨대, 앞서 언급한 파블로비치의 책을 보라. 이 이론의 가장 천박한 형태를 주장하는 것은 다름 아닌 카우츠키다. 카우츠키는 [군사적] 동원이 전쟁을 초래한다고 주장한다(그의 *Nationalstaat, imperialistischer Stoat und Staatenbund*와 전쟁 중에 *Neue Zeit*에 실린 많은 논문을 보라). 이런 주장은 실로 사물을 물구나무 세워 보는 것이다.

7 일부 부르주아 사회학자와 경제학자도 이를 인정한다. 예컨대, 오펜하이머도

그 가운데 하나다. 그는 생산수단(특히 토지)을 소유한 계급이 인민대중을 착취하기 위한 조직을 국가라고 봤다. 그의 공식은 어느 정도 마르크스주의 이론에 가깝다. 그러나 동시에 오펜하이머는 마르크스주의 이론을 크게 훼손했다('토지'에 대한 강조 등). 아돌프 바그너 같은 독일 사회학과 경제학의 권위자가 오펜하이머를 비판하는 주석에서 오펜하이머의 공식이 국가에 대한 '역사적 서술'(!)이라며 상당 부분 옳다고 인정하는 것은 기묘한 일이다. Adolf Wagner, "Staat in nationalökonomischer Hinsicht", *Handwörterbuch der Staatswissenschaften*, 3rd edition Vol 7, p 731을 보라.

12장 제국주의의 '필연성'과 '초제국주의'

1 마르크스는 소위 '역사학파'를 비꼬며 어떤 글에서 다음과 같이 썼다. "그들에게 역사는 자신을 귀납의 방식으로 드러낸다. 마치 이스라엘의 신 여호와가 모세에게 그랬던 것처럼." 이 말은 오늘날 마르크스주의 배신자들에게 딱 들어맞는다.

2 Heinrich Cunow의 *Parteizusammenbruch? Ein offenes Wort zum inneren Parteistreit*, Berlin, 1915를 보라.

3 K Marx, *Capital*, Vol 1, 앞의 책, p 843[국역: 《자본론》 1권(하), 비봉, 2015, 1041쪽 각주에서 인용].

4 앞서 살펴봤듯이, 마르크스주의자에게 자본주의를 극복하는 것이 절대로 불가능한 경우는 존재하지 않는다. 그러나 상대적으로 극복이 불가능할 때(예컨대 자본주의가 발전 초기일 때), 마르크스주의자는 결코 자본주의를 '배양'하는 신성한 사명을 짊어지지 않는다. 또 결코 '자본주의 체제에 봉사하는 견습생'이 되려 하지도 않는다. 마르크스주의자는 이것을 스트루베와 그 일당에게 맡기고, 다른 임무를 찾아 나설 것이다.

5 카를 카우츠키의 *Nationalstaat, imperialistischer Stoat und Staatenbund*와 *Neue Zeit*에 실린 1914~1915년 논문들을 보라. 카우츠키는 훨씬 전부터

우리가 본문에서 지적한 관점을 보이고 있었다. 예를 들어, '군비축소' 문제에 대한 그의 견해가 그렇다.

6 R Hilferding, 앞의 책, p 295.

7 R Hilferding, 앞의 책, p 372.

8 오해를 피하기 위해 다음을 지적해 두자. 여기서 우리가 주장하는 것은 우리의 또 다른 주장, 즉 선진 국가들의 경제적 발전은 사회적 생산 조직을 위한 '객관적 전제 조건'을 형성했다는 주장과 결코 모순되지 않는다. 사회적 생산의 가능성에 관한 한 선진국들은 모두 대체로 동일한 수준에 있다. 우리의 이 주장들 사이에 모순이 존재하지 않는 이유는 구별 기준이 다르기 때문이다.

9 부르주아지는 이것을 잘 이해하고 있다. 예컨대, 독일인 교수 막스 크라만은 다음과 같이 적고 있다(*Krieg und Montanindustrie*, Berlin, 1915, Vol 1, *Krieg und Volkswirtschaft*을 보라). "현재의 소규모[! — 부하린] 세계 전쟁에서도 그렇고, 미래의 세계대전(이 전쟁에는 북아메리카와 동아시아도 참가할 것이다)에서도 그럴 테지만, 농업국들이 공업국 연합과 싸울 가능성은 전혀 없다. … 따라서 공업국들이 서로 사이좋게 지낼 수 있다면 세계 평화는 보장될 것이다. 이것은 당분간 불가능할 테니 …" 등(p 15).

10 R Hilferding, 앞의 책, p 401.

13장 전쟁과 경제적 진화

1 미국의 1914년과 1915년 1~4월 수출을 비교해 보자. 미국의 수출 증가는 다음과 같다(단위는 100만 달러). 1914년 1월 204.2에 비해 1915년 1월에는 267.9로, 1914년 2월 173.9에 비해 1915년 2월에는 299.8로, 3월 187.5는 296.5로, 4월 162.5는 294.5로 증가했다(*Vestnik Finansov*, No 16). 내외통상국 국장 프랫의 다음과 같은 설명이 특징적이다. "우리는 새로운 국면에 직면했다. 이 국면에서 '국내시장'이란 표현은 낡은 것이 됐고, 이를 대신해 '세계시장'이란 슬로건이 등장하고 있다."(*Vestnik Finansov*, No 16)

2 M Bogolepov, "American Capital Market" in *Vestnik Finansov*, 1915, No 39, p 501. *Vestnik Finansov*, No 37, 38에 실린 그의 같은 주제의 논문을 보라.

3 카우츠키는 전쟁 초기에 이미 《디 노이에 차이트》 지면에서 점점 커지는 미국의 구실에 대해 주의를 환기했다.

4 Felix Pinner, "Die Konjunktur des wirtschaftlichen Sozialismus" in *Die Bank*, April, 1915.

5 전쟁공채는 고정자본의 구성 부분(이 자본은 종이로 전환돼 있다)을 탕진하고 마모시킨다는 의미일 뿐이다. 물적 형태를 띠는 진정한 가치는 공중으로 발사됨으로써 비생산적으로 소비된다.

6 H Cunow, "Vom Wirtschaftsleben" in *Neue Zeit*, 33, 2, No 22를 보라. 또한 그의 "Der Bank- und Geldmarkt im ersten Kriegsjahr"을 보라. 그리고 Weber, "Krieg und Banken", *Volkswirtschaftliche Zeitfragen(Krieg und Volkswirtschaft)*, Heft7, 1915, p 27을 보라.

7 독일에 대해서는 다음을 보라. Johann Miiller, "Nationalökonomische Gesetzgebung. Die durch den Krieg hervorgerufenen Gesetze, Verordnungen, Bekanntmachungen, usw" in *Jahrbücher für Nationalökonomie und Statistik*, 1915.

8 Edgar Jaffe, "Die 'Militarisierung' unseres Wittschaftslebens" in *Archiv für Sozialwissenschaft und Sozialpolitik*, 1915, Band 40 B, Heft 3을 보라.

9 Pinner, "Organisierte Arbeit" in *Handels-Zeitung des Berliner Tageblatts*, Aug 23, 1915.

10 *Vestnik Finansov*, 1915, No 24, p 518.

11 Yves Guyot, "Les Problèmes économiques après la guerre" in *Journal des économistes*, Aug 15, 1915.

12 E Meyer, "Die Drohung mit dem Zwangssyndikat" in *Neue Zeit*, 33, 2, No 18. 또한 "Die Bergwerksdebatte im Reichstag" in *Handels-Zeititng*

des *Berliner Tageblatts*, No 435, Aug 26.

13 Weber, 앞의 책, p 14.

14 *Vorwärts* of Aug 21, 1915에서 인용.

15 이 수치들은 다른 측면에서 보더라도 충분하지 않다. 즉, 국가는 인쇄기를 돌려 지폐를 발행하지만, 이것은 일종의 독특한 무이자 공채다. 표는 오스트리아-헝가리가 1915년 8월까지 공채를 통해 약 130억 크로네를 손에 넣었다는 것을 보여 준다(독일 수치가 1915년 9월 — 9월을 포함한 — 까지의 것이므로, 오스트리아-헝가리의 수치도 10월까지라고 이해할 수 있다). 그러나 오스트리아-헝가리 정부의 전쟁 비용은 8월 말까지 약 180억 크로네에 달했고, 9월 말에는 이미 190억 크로네를 넘어섰다. 이 지출을 충당하기 위한 어떤 재원이 있었음은 명백하다! 따라서 이 표가 보여 주는 총액이 실제 규모에 훨씬 못 미친다는 점은 의심할 여지가 없다.

16 Adolf Braun in *Neue Zeit*, 33, 1, p 584을 보라.

17 Felix Pinner, "Die Konjunktur des wissenschaftlichen Sozialismus" in *Die Bank*, April, pp 326~327. 독일의 구체적 독점에 대해서는 Adolf Braun, "Elektrizitätsmonopol" in *Neue Zeit*, 1915, Nos 19 and 20. 그리고 Edmund Fischer, "Das Werden des Elektrizitätsmonopols" in *Sozialistische Monatshefte*, p 443 이하를 보라. 또한 부분적으로는 K Kautsky, "Zur Frage der Steuern und Monopole", *Neue Zeit*, 1914-15, 1, p 682 이하를 보라.

18 H Cunow, "Die Weltwirtschaftgestaltung nach dem Kriege" in *Correspondenzblatt der Generalkommission der Gewerkschaften Deutschlands*, Sept 11, 1915, No 37. 그러나 쿠노는 이 글에서 완전히 잘못된 자유주의적 결론을 이끌어 내고 있다는 점을 지적해 두겠다.

19 Karl Ballod, "Einiges aus der Utopienliteratur der letzten Jahre" in *Archiv für die Geschichte des Sozialismus und der Arbeiterbewegung*, herausgegeben von Grünberg, 6 Jahrgang, Heft I, pp 117~118.

20 E Jaffé, 앞의 책, p 523.

21 Max Krahman, *Krieg and Montanindustrie*, pp 22~23. 리프만은 이와 대립된 관점을 취한다. 그의 저서 *Stehen wir dem Sozialismus näher?*를 보라. 그의 저작은 일반적으로 모든 환상에 반대하며 쓴 것으로 그는 이 사실을 결코 숨기지 않았다.

22 만일 생산의 상품적 성격이 사라진다면 — 예컨대 세계경제 전체가 단 하나의 거대한 국가자본주의 트러스트로 조직된다면(이것이 불가능하다는 점은 초제국주의에 대한 장에서 분명히 밝혔다) — 우리는 완전히 새로운 경제 형태를 보게 될 것이다. 그것은 상품생산이 사라졌기에 더는 자본주의가 아닐 것이다. 하물며 사회주의도 아닐 것이다. 왜냐하면 한 계급의 다른 계급에 대한 지배가 여전히 존재하기 때문이다(심지어 더 강력해진다). 이런 경제구조는 노예시장이 없는 폐쇄적 노예경제에 가장 가까울 것이다.

23 *Torgovo Promyshlennaya Gazeta*, 1915, No 217.

세계경제와 제국주의

지은이 | 니콜라이 부하린
옮긴이 | 최미선

펴낸곳 | 도서출판 책갈피
등록 | 1992년 2월 14일(제2014-000019호)
주소 | 서울 성동구 무학봉15길 12 2층
전화 | 02) 2265-6354
팩스 | 02) 2265-6395
이메일 | bookmarx@naver.com
홈페이지 | http://chaekgalpi.com
페이스북 | http://facebook.com/chaekgalpi

첫 번째 찍은 날 2018년 7월 30일

값 13,000원

ISBN 978-89-7966-138-5

잘못된 책은 바꿔 드립니다.